Mémento de
GESTION FINANCIÈRE

Du même auteur

— **Gestion financière,** Tome 1
Analyse financière - Analyse prévisionnelle, ATOL Éditions

— **Évaluation des entreprises,** Tome 2, ATOL Éditions

— **Exercices corrigés de gestion financière et d'évaluation des entreprises,** Tome 3, ATOL Éditions

— **Initiation à la gestion,** ATOL Éditions

— **Guide pratique d'évaluation des entreprises,** ATOL Éditions

— **Évaluation des cabinets d'expertise comptable,** ATOL Éditions

— **Intelligence Book (Le livre de l'intelligence),** ATOL Éditions

— **Mémento de gestion financière,** ATOL Éditions

— **Modèle de rapport de commissaire aux apports et à la fusion.**

— **Mémento de comptabilité générale** *(à paraître).*

MÉMENTO DE GESTION FINANCIÈRE

par Patrice VIZZAVONA
Expert-Comptable diplômé
Commissaire aux comptes
Professeur à l'I.F.E.X.
Chargé d'enseignement
à la Faculté de droit de Paris II
membre du jury des examens
d'expertise comptable

ATOL ÉDITIONS
64, boulevard Maurice-Barres
92200 Neuilly-sur-Seine

LA MÉTHODE DES RATIOS ET L'ANALYSE FINANCIÈRE 1

A. Définition d'un ratio

Un ratio est le rapport de deux grandeurs. Celles-ci peuvent recouvrir des données brutes telles que les stocks ou un poste du bilan, ainsi que des données plus élaborées telles que le fonds de roulement, la valeur ajoutée, l'excédent brut d'exploitation.

Selon les éléments qui sont comparés, les ratios donneront une information susceptible d'informer l'analyste financier sur un des nombreux aspects de l'entreprise qu'il souhaite mettre en valeur : rentabilité, indépendance financière, etc.

B. Intérêt de l'analyse par ratios

L'analyse financière par ratios permet au responsable financier de suivre les progrès de son entreprise et de situer l'image qu'elle offre aux tiers intéressés tels que les actionnaires, les banquiers, les clients, les fournisseurs et le personnel. Rappelons qu'il s'agit là d'une vision *a posteriori*. En effet pour une entreprise, le fait d'avoir de « bons » ratios à la clôture de l'exercice, n'implique pas un avenir immédiat favorable.

La méthode des ratios doit être utilisée avec prudence. Pour un grand nombre d'actes économiques, les ratios ne sont qu'une première étape. Ils ne donnent au gestionnaire qu'un fragment de l'information dont il a besoin pour décider et choisir.

La réussite d'une décision financière repose essentiellement sur l'aptitude qu'ont les responsables à prévoir les événements. La prévision est la clé du succès de l'analyste financier. Quant au plan financier, il peut prendre de nombreuses formes. Celles-ci doivent tenir compte des forces et des faiblesses de l'entreprise. Il est impératif de connaître ses forces afin de les exploiter correctement ainsi que ses faiblesses pour mieux y remédier.

L'objectif fondamental de la méthode des ratios consiste à mieux connaître l'entreprise et à évaluer précisément l'importance de ses qualités et de ses défauts.

Chaque type d'analyse a un but ou une fonction qui lui est propre, ce qui permet de déterminer les ratios auxquels on donnera le plus d'importance dans l'analyse. L'analyste peut par exemple être un banquier. Celui-ci étudiera s'il peut accorder ou non un prêt à court terme à une entreprise ; les ratios qui mesurent la situation de trésorerie, la liquidité seront pour lui déterminants. Si l'entreprise réclame un prêt à long terme à son banquier, celui-ci attachera une plus grande importance aux ratios mesurant la productivité financière, et la rentabilité attendue des investissements financés par ce prêt.

C. Utilisation des ratios

Les ratios peuvent être utilisés dans le but de mieux suivre l'évolution économique de l'entreprise. Dans ce cas, le responsable financier établira à la clôture des comptes de chaque exercice un ensemble de ratios qui seront comparés à ceux des exercices précédents. Il sera intéressant d'établir sur des graphiques, l'évolution année par année, d'un certain nombre de ratios jugés particulièrement intéressants. Une bonne connaissance du passé améliorera la qualité de la prévision.

Les entreprises françaises disposent également de normes particulièrement instructives grâce aux informations éditées par la Centrale des Bilans. Cet organisme, rattaché à la Banque de France, édite chaque année les ratios les plus caractéristiques par secteur d'activité. Les entreprises adhérentes envoient à la Centrale des Bilans un ensemble d'éléments chiffrés extrêmement précis. La Centrale établit sur cette base un ensemble de ratios par type d'exploitation et les envoie aux entreprises intéressées. Il est donc possible à chaque entreprise de situer exactement sa position financière et ses performnces, dans son secteur d'activité. C'est à ce niveau que la méthode des ratios nous semble la plus significative.

D. Connaissance approfondie des valeurs retenues

Il convient non seulement de sélectionner les grandeurs que l'on souhaite étudier, mais aussi de bien les connaître :

— En premier lieu, la comptabilité doit être le reflet le plus exact possible de la situation économique de l'entreprise.

— En second lieu, cette première condition nécessaire n'est pas suffisante. L'analyste financier doit pouvoir aller au-delà des chiffres que lui donne la comptabilité.

Supposons que l'on détermine le ratio de liquidité générale,

soit $\frac{\text{Actif à court terme}}{\text{Dettes à court terme}}$

et que l'on désire le comparer aux normes éditées par la Centrale des Bilans. Quels types de difficultés vont apparaître ?

Nous savons que selon la législation française, les valeurs à moins d'un an sont réputées à court terme.

D'autre part, afin de respecter la règle de l'annualité *(cut-off)*, les entreprises sont tenues de régulariser leurs comptes ; elles doivent ainsi réintégrer ou éliminer de l'exercice, respectivement, des événements nés au cours de l'exercice, mais dont la réalisation finale n'apparaîtra qu'au cours de l'exercice postérieur (charges à payer) ou des événements dont le règlement a eu lieu au cours de l'exercice mais qui n'intéressent en fait que l'exercice postérieur (charges payées d'avance).

L'analyste financier peut en premier lieu se demander si les comptes de régularisation passif et actif sont correctement enregistrés. Il arrive en effet que certaines entreprises majorent indûment leurs charges à payer de façon à diminuer leur assiette fiscale ou inversement les minorent afin de pouvoir obtenir plus facilement des crédits bancaires. L'erreur comptable peut en fait être aisément affectée à n'importe quel poste du bilan. Le ratio établi sur ces bases perd alors toute sa signification.

En outre, la présentation comptable est insuffisante ainsi que va le montrer l'exemple suivant.

Exemple 1 : soit une entreprise dont l'actif à court terme et le passif à court terme se présentent comme suit :

Actif à court terme (en K.F.)		Passif à court terme (en K.F.)	
Stocks	100		
Clients	9 000	Fournisseurs	7 000
Autres valeurs réalisables	500	Autres dettes à court terme	600
Trésorerie	100		
	9 700		7 600

Le ratio de liquidité générale : $\frac{\text{Actif à court terme}}{\text{Passif à court terme}}$ est égal à $\frac{9\,700}{7\,600} = 1{,}276$

Si la norme du secteur est de 1,20, on peut penser *a priori* que la situation des liquidités est légèrement favorable, les comptes étant exacts. Mais une analyse plus approfondie permet de savoir que les 9 000 K.F., dus par les clients le sont à 6 mois tandis que les 7 000 K.F. dus aux fournisseurs devront être réglés par l'entreprise au plus tard dans un mois. Dans ce cas, nous voyons que l'entreprise est incapable d'honorer sa dette sans avoir recours à un financement externe. La situation est alors mauvaise.

La ratio n'a pu rendre le service que l'on attendait de lui, car il n'a pu intégrer la variable temps.

Avant d'étudier la méthode des ratios proprement dite, nous définirons les valeurs susceptibles d'être incluses au numérateur et au dénominateur de ratios.

Cette étude sera divisée en deux parties :

1. les grandes masses du bilan ;
2. la formation du résultat, et de la marge d'autofinancement.

Nous aborderons ensuite dans la troisième partie les ratios.

PREMIÈRE PARTIE

LES GRANDES MASSES DU BILAN

Nous savons que le bilan français classe les comptes par ordre de liquidité croissante. Il est intéressant pour l'analyste financier de regrouper les différents postes du bilan par grande masse afin de les comparer.

La présentation suivante est empruntée aux normes de la Centrale des Bilans.

Il convient toutefois de préciser la teneur de chacune de ces normes.

1° Le capital économique

— *Investissements proprement dits.*

Ce poste recense les immobilisations ainsi que les autres valeurs immobilisées. L'analyste financier doit toutefois procéder à une sélection des valeurs inscrites à ce poste.

Les frais d'établissement doivent être exclus, car ils ne représentent en général ni une valeur patrimoniale, ni un capital économique susceptible d'être productif.

Les immobilisations comprennent les valeurs corporelles (immeubles, matériel et outillage, matériel de transport, etc.) et les valeurs incorporelles (fonds de commerce, droit

BILAN

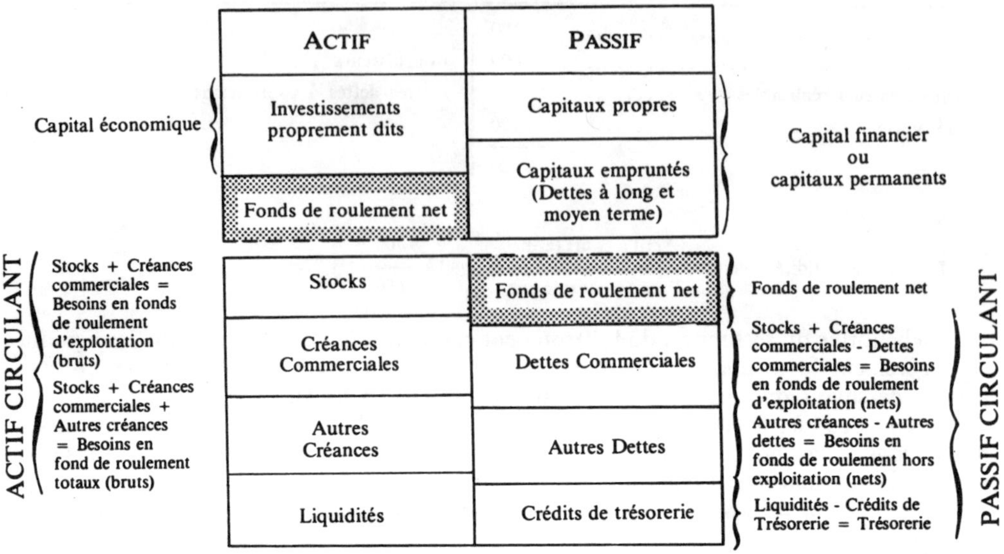

au bail, brevets, etc.). Ces éléments doivent à notre avis être systématiquement réévalués avec précision. L'inflation fausse très sensiblement la valeur des immobilisations car celles-ci figurent au bilan pour leur prix de revient.

Il est fréquent de constater par exemple qu'un terrain enregistré à l'actif du bilan pour une valeur de 10 000 F, acquis en 1950, vaut trente ans plus tard 150 000 F, soit 15 fois plus cher. En ce qui concerne les immeubles, l'effet inflationniste est accentué par les amortissements pratiqués.

Le même raisonnement peut être tenu pour les valeurs incorporelles. L'analyste financier devra au préalable distinguer les immobilisations dont la valeur suit le cours inflationniste telles que les terrains, les immeubles et le fonds de commerce, du matériel productif qui se déprécie réellement avec le temps. Exception faite pour les terrains et les valeurs incorporelles qui ne sont pas amortissables, les entreprises sont tenues d'amortir leurs immobilisations. Or, les dotations aux amortissements pratiquées à la clôture de chaque exercice sont fonction non pas de la durée de vie du bien mais uniquement des possibilités offertes par la législation fiscale. De ce fait, les options retenues par plusieurs entreprises d'un même secteur peuvent être divergentes et limiter ainsi la portée des comparaisons entre elles.

2° Les autres valeurs immobilisées

Elles regroupent :
— les titres de participation ;
— les prêts à plus d'un an ;
— les dépôts et cautionnements.

Les titres de participation peuvent être provisionnés ou réévalués.

3° Les stocks

Ceux-ci sont valorisés à leur coût hors taxe. Cette valorisation ne pose pas de difficultés en ce qui concerne les matières premières et les marchandises. On admettra que le stock de marchandises est égal à son prix d'achat majoré des divers frais de transport et de stockage. Le coût des produits en cours et finis est plus délicat à évaluer. L'entreprise devra disposer d'une comptabilité analytique précise.

4° Les créances commerciales

Il s'agit en l'occurrence des postes clients et effets à recevoir.

5° Autres créances

Ce poste comprend les créances sur l'État (acompte d'impôt sur les sociétés versé au cours de l'exercice ainsi que la T.V.A. à récupérer sur les achats du mois de décembre), et les débiteurs divers (organismes sociaux, etc.).

6° Les besoins en fonds de roulement

Les besoins en fonds de roulement d'exploitation bruts comprennent les stocks et les créances commerciales.

Le point commun entre ces deux derniers éléments est que ni l'un ni l'autre n'a engendré d'encaissement. Pourtant, l'entreprise a besoin de liquidité pour régler les fournisseurs auxquels elle a acheté des marchandises.

De la même façon, les autres créanciers n'ont pas encore réglé leurs dettes envers l'entreprise. On désignera par besoins en fonds de roulement totaux bruts, le total stocks + créances commerciales + autres créanciers.

Au passif apparaissent les postes fournisseurs et effets à payer (les dettes commerciales).

Si l'on soustrait celles-ci des besoins en fonds de roulement d'exploitation bruts, on obtient les besoins en fonds de roulement d'exploitation nets, c'est-à-dire la valeur réelle du véritable besoin de fonds de roulement lié à l'exploitation.

— *Le Besoin en fonds de roulement total net* (B.F.R.T. net).

On écrit que :

B.F.R.T.N. = Besoin en fonds de roulement total brut − dettes commerciales − autres dettes à court terme.

On remarque que la trésorerie est éliminée de ce concept. En effet, une trésorerie positive représente une satisfaction totale ou partielle du besoin en fonds de roulement net.

Il convient à ce niveau de séparer deux concepts différents : le besoin en fonds de roulement net et la trésorerie.

Le fait pour une entreprise de ne pas encaisser ses créances immédiatement crée un besoin de fonds de roulement. Autrement dit, celle-ci doit trouver un financement suffisant pour assurer sans heurt la couverture de son cycle d'exploitation. Si corrélativement, elle ne paye pas ses dettes immédiatement, elle bénéficie d'un financement non plus par encaissement mais par non décaissement, ce qui revient pratiquement au même.

Un exemple illustrera ces deux notions :

Soit une entreprise dont le bas du bilan se présente comme suit :

Au 1er janvier n

Actif			Passif	
Stocks		1 000		
Créances	4 500	2 000	Dettes commerciales	1 000
Autres créances		1 500	Autres dettes	500
Trésorerie		500		
		5 000		1 500

Le besoin en fonds de roulement net est égal à 4 500 − 1 500 = 3 000. Le besoin de trésorerie est satisfait puisque celle-ci est débitrice à concurrence de 500 francs.

L'analyse statique montre ici ses limites. Il n'est guère possible de pousser le raisonnement économique au-delà.

Un mois plus tard, la situation au bilan est la suivante, les fournisseurs ayant été réglés.

Actif		Passif	
Stocks	1 000		
Créances	2 000	Autres dettes	500
Autres créances	1 500	Trésorerie	500
	4 500		1 000

Désormais le besoin de trésorerie est immédiatement de 500 (de façon à pouvoir régler la dette envers la banque).

Le besoin en fonds de roulement a lui aussi évolué, il est égal à 4 500 − 500 = 4 000.

On voit donc comment le temps peut modifier profondément l'aspect d'une situation.

L'analyse statique laisse apparaître ici sa faiblesse principale. Nous verrons dans la suite de cet ouvrage comment l'analyse dynamique du fonds de roulement normatif permet de résoudre ces difficultés.

On se rend compte toutefois que les encaissements et les décaissements font varier le besoin en fonds de roulement net.

7° Capitaux permanents

Appelés, également capital financier, les capitaux permanents sont formés par les capitaux propres et par les dettes à long et moyen terme.

8° Capitaux propres

Ils sont constitués par :

a) Le capital social, c'est-à-dire les fonds apportés lors de la constitution de la société par les associés.

b) Les réserves

1) La réserve légale est dotée annuellement à concurrence de 5 % du bénéfice net comptable. Cette dotation n'est plus obligatoire lorsque cette réserve atteint 10 % du capital social. Son objet est de donner aux tiers une garantie de solvabilité supplémentaire.

2) Les réserves statutaires qui prennent selon le rédacteur des statuts de la société diverses dénominations : facultative, extraordinaire, etc.

3) Les réserves réglementées fiscalement telles que la réserve spéciale des plus-values à long terme.

4) Les provisions réglementées telles que la provision pour hausse des prix, la provision pour investissements (liée à la participation des employés aux fruits de l'expansion) et la provision pour fluctuation des cours.

5) Les provisions à caractère de réserves. L'analyse financier décidera du caractère propre à ce type de provision. On pourrait considérer comme telle une provision pour risque politique dans la mesure où l'on admettrait que ce risque est très improbable (probabilité inférieure à 50 %).

Tous ces éléments représentent le sacrifice financier consenti par les actionnaires en acceptant qu'une partie des bénéfices ne leur soit pas distribuée au cours de la vie de l'entreprise.

6) La réserve de réévaluation.

Celle-ci correspond à la différence entre la valeur nette des immobilisations avant et après réévaluation.

7) Les primes d'émissions d'actions qui représentent la différence entre le montant nominal des actions et leur prix d'émission.

8) Le report à nouveau (report des déficits ou des bénéfices antérieurs).

9) Les subventions d'équipement.

9° Les dettes a long et moyen terme

Elles comprennent les capitaux d'emprunt dont l'échéance est supérieure à un an.

Notamment, les emprunts-obligations, les emprunts et crédits à long ou moyen terme consentis à l'entreprise.

Comparaison du fonds de roulement avec le besoin en fonds de roulement : comme le montre le tableau de la page 4, le fonds de roulement net apparaît comme l'excédent des capitaux permanents donc des ressources stables de financement sur les valeurs immobilisées nettes. Le concept de fonds de roulement peut également se calculer en effectuant la différence entre l'actif circulant et le passif circulant.

Il s'agit là d'une constatation statique *a posteriori*.

Dans l'exemple évoqué précédemment, le fonds de roulement était égal à 5 000 − 1 500 soit 3 500 avant le règlement de la dette fournisseur et à 4 500 − 1 000 soit toujours 3 500 après le règlement de cette dette. Le fait que le fonds de roulement soit de 3 500 n'indique pas en soi que la situation est bonne ou mauvaise. Il convient de déterminer le besoin en fonds de roulement normalement dégagé par l'exploitation et de le comparer au fonds de roulement net pour porter un jugement.

En reprenant les chiffres de l'exemple précédent, on constate qu'avant le règlement de la dette envers les fournisseurs :

— Le besoin en fonds de roulement = 3 000
— La trésorerie = + 500 (Il s'agit d'un excédent)
— Le fonds de roulement net = 3 500

La liaison entre ces trois concepts est immédiate : le besoin en fonds de roulement = fonds de roulement − trésorerie.

Après règlement de la dette envers les fournisseurs :

— Le fonds de roulement net = 3 500
— Le besoin en fonds de roulement net = 4 000
— Trésorerie = − 500

et l'égalité est de nouveau vérifiée : B.F.R. = F.R. – T
4 000 = 3 500 – (– 500)

Le besoin en fonds de roulement implique un besoin de financement. Celui-ci n'apparaît nécessaire que dans la mesure où le fonds de roulement existant est inférieur au besoin de fonds de roulement. Il s'agit là d'une vision statique qui ne saurait suffire en elle-même. Nous reviendrons sur ces notions lors de l'étude du fonds de roulement normatif.

DEUXIÈME PARTIE

LA FORMATION DU RÉSULTAT ET DE LA MARGE D'AUTOFINANCEMENT

Celle-ci est présentée selon les normes établies par le Conseil National de la Comptabilité et la Centrale des bilans. Elles mettent en évidence des notions utilisées jusqu'alors en macroéconomie. Nous noterons en particulier la notion de production, de consommation, de valeur ajoutée.

A. La formation du résultat

	Vente de marchandises	– (–	Achats	
		(+ △	Stock de marchandises)	
		=	Marge commerciale	+ MC
	Production vendue			
+	Production immobilisée			
+ △	Stock produits finis et en cours			
		=	Production	+ P
+	Achats			
+ △	Stock de matières premières et consommables			
+	Consommation externe			
		=	Consommation	– C
			Valeur ajoutée	VA
	Frais de personnel (y compris personnel intérimaire)			– F P
		=	Résultat économique brut	R E B
–	Impôts et taxes			– I.T.
+	Subvention d'exploitation			+ Subv
		=	Excédent brut d'exploitation	E B E
–	Charges calculées (dotations aux amortissements et provisions)			– C C
–	Autres charges			– A C
		=	Résultat d'exploitation	R E
±	Quote part de résultat sur opération faite en commun			± Q
–	Charges financières			– C F
+	Produits financiers			+ P F
		=	Résultat courant	R C
+	Produits exceptionnels			+ P E
–	Charges exceptionnelles			– C E
		=	Résultat à répartir	R R
–	Impôt sur les sociétés			– I S
–	Participation des salariés			– P
		=	Résultat net comptable	R N C

1° Consommation

Celle-ci est égale aux achats réalisés au cours de l'exercice auxquels s'ajoutent la variation du stock matières (cette dernière pouvant être positive ou négative) et les charges d'exploitation extérieures.

Exemple : le compte de résultat de la société X se présente comme suit :

COMPTE DE RÉSULTAT

Achats de matières premières	25 000	Production vendue	90 000
△ Stock de matières premières	– 200	Production stockée	– 1 000
Frais de personnel	38 000	Production immobilisée	8 000
Impôts et taxes	3 000		
Autres charges externes	10 000		
Dotations aux amortissements	2 000		
Charges d'exploitation	77 800	Produits d'exploitation	97 000
Charges financières	1 500	Produits financiers	0
Charges exceptionnelles	1 700	Produits exceptionnels	600
Impôt sur les bénéfices	8 300		
Bénéfice net comptable	8 300		
	97 600		97 600

La consommation est égale :

aux achats .... + 25 000
+ variation du stock matière .... – 200
+ charges d'exploitation extérieures :
charges externes .... + 10 000
= Consommation 34 800

Celle-ci représente donc bien la totalité de l'apport extérieur consacré à la production (matières et frais généraux).

2° La production

Dans le cas présent, celle-ci est formée :

par les ventes (H.T.) .... + 90 000
la variation des encours et des produits finis .... – 1 000
+ production immobilisée (on supposera que l'entreprise a construit pour elle-même un hangar, celui-ci enregistré à l'actif du bilan dans les comptes d'immobilisations et au crédit du compte de résultat .... + 8 000
= Production 97 000

La production de 97 000 représente donc l'apport brut de l'entreprise sur le marché des biens et services.

3° La valeur ajoutée

La valeur ajoutée est la différence entre la consommation et la production. Elle représente le surplus de production créé par les facteurs capital et travail de l'entreprise ; elle est dans notre exemple de 97 000 − 34 800 = 62 200.

Une conférence de Monsieur Force, chef de la Centrale des Bilans, permettra de mieux saisir la portée de ce concept en analyse financière.

« En ce qui concerne la Centrale des Bilans de la Banque de France, la notion de valeur ajoutée constitue un des éléments essentiels de la méthode d'analyse.

En effet, dans la mesure où l'analyse financière est la recherche et l'interprétation de données, de grandeurs significatives de la vie de l'entreprise à travers ses divers aspects (activité, performances, politiques, structure), il est certain que la valeur ajoutée ne peut qu'être au centre de cette analyse, puisqu'elle est tout à la fois un instrument de mesure et la richesse créée par l'entreprise.

a) La valeur ajoutée est un instrument de mesure

Elle permet, en effet, de cerner la dimension de l'entreprise : c'est un indicateur de sa taille économique.

Alors que le chiffre d'affaires, ainsi qu'on vous l'a rappelé, exprime seulement la capacité de l'entreprise à vendre et est fortement influencé par une notion de prix, la valeur ajoutée, excluant les achats de matières, ne prend en considération, quel que soit le bien en cause, que la valorisation de ce bien qui en est faite par la firme.

C'est donc bien l'apport économique des deux facteurs de l'entreprise (capital et travail) à l'œuvre de production, et à ce titre elle mesure sa dimension économique, son poids dans l'économie.

Elle permet encore, en conséquence, de mesurer la croissance de la firme au niveau, il va de soi, des moyens mis en œuvre. Si on la considère dans sa définition « soustractive » — production moins consommation —, la valeur ajoutée traduit l'expansion ou, au contraire, la contraction des mouvements des différents éléments qui composent la production. Si on la considère dans sa définition « additive » — ce qui revient au personnel (le travail) augmenté de ce qui revient à l'État et de ce qui revient finalement à l'entreprise, richesse créée qui s'exprime précisément par la notion de valeur ajoutée. Et c'est ainsi que le revenu restant à la disposition de la firme détermine le niveau d'accumulation de sa richesse, donnée essentielle pour son expansion.

Elle permet enfin de mesurer l'efficacité de l'entreprise. L'originalité de la valeur ajoutée est précisément, grâce à son caractère synthétique, de mesurer, mieux que tout autre indicateur, l'efficacité de la combinaison des facteurs qui sont mis en œuvre dans le cycle d'activité, le travail et le capital.

Il n'est peut-être pas inutile d'entrer un peu plus dans le détail et d'indiquer quels sont les ratios les plus importants qu'il est possible d'utiliser dans ce domaine de la « valeur ajoutée, instrument de mesure ».

Tout d'abord, le « taux de variation de la valeur ajoutée » ; en effet, ce taux de variation, considéré sur plusieurs années, donc en laissant les accidents conjoncturels, en les annulant et en tenant compte aussi du caractère plus ou moins cyclique de l'investissement, est un bon indicateur de l'évolution de l'entreprise dont le rapprochement avec la rentabilité financière des capitaux engagés ne peut être que significatif.

Le « taux de valeur ajoutée », c'est-à-dire le rapport entre la valeur ajoutée et la production constitue une indication du degré d'intégration de l'entreprise ; il mesure aussi l'efficacité de celle-ci, c'est-à-dire sa capacité à valoriser le facteur travail et le facteur capital.

Deux autres rapports intéressants, liés d'ailleurs au précédent : le rapport entre la valeur ajoutée et les effectifs, qui indique le rendement apparent du travail ; le rapport entre la valeur ajoutée et les immobilisations d'exploitation — c'est-à-dire celles seulement affectées à l'exploitation, donc qui génèrent la valeur ajoutée, que l'entreprise en soit propriétaire ou non — et qui mesure le rendement apparent de l'équipement. Ces rendements sont liés certes à la qualification du personnel, au temps de travail, mais aussi à l'utilisation plus ou moins intensive de l'équipement, et c'est ainsi finalement que la relation entre ces deux ratios de rendement n'est pas autre chose que l'intensité capitalistique de l'entreprise, puisque le rendement apparent de l'équipement est multiplié par l'intensité capitalistique de l'entreprise.

Cette donnée est extrêmement importante car cette combinaison travail-équipement conditionne souvent la rentabilité, la croissance, la structure de l'entreprise.

b) La valeur ajoutée est la richesse créée par l'entreprise

Il en résulte que la répartition est très intéressante à analyser, d'autant plus que ce sont en même temps les coûts relatifs de production qui sont ainsi dégagés.

Dans cette analyse, on pourra rechercher :

— le rapport entre les frais de personnel et la valeur ajoutée ;
— le rapport entre les frais financiers et la valeur ajoutée ;
— le rapport entre les dividendes et la valeur ajoutée, ces deux derniers rapports mesurant la rémunération des capitaux investis ;
— le rapport entre les impôts et taxes et la valeur ajoutée ;
— et enfin le rapport qui existe entre la partie conservée par l'entreprise, l'autofinancement et la valeur ajoutée, indépendamment d'ailleurs de la répartition de cet autofinancement entre l'amortissement, les provisions et les résultats mis en réserve, cette affectation étant liée le plus souvent à des considérations fiscales et perdant ainsi tout caractère économique.

Ce dernier ratio est de la plus haute importance : il traduit en effet la politique d'autofinancement de l'entreprise dont le rapprochement avec la politique d'investissement — besoins financiers de l'entreprise (en investissements et au titre du fonds de roulement) sur la valeur ajoutée — est très significatif.

Ces deux ratios sont, de plus, étroitement liés au ratio de politique financière — autofinancement sur besoins financiers — qui exprime le partage du financement global de l'entreprise entre la ressource interne, l'autofinancement, et les ressources externes.

Il est un dernier rapport qu'il convient d'évoquer, car il paraît fondamental, c'est ce que l'on appelle le coefficient de capital, et qui s'exprime par le ratio : immobilisations d'exploitation sur valeur ajoutée. Il semble bien, en effet, que sur une période suffisamment longue pour faire abstraction des accidents conjoncturels et de l'irrégularité des investissements, ce coefficient ne se modifie finalement qu'avec l'évolution des conditions technologiques et commerciales, spécifiques à l'entreprise. Ainsi, sa relative constance rend possible l'estimation des investissements à réaliser pour atteindre un objectif d'expansion.

Cet exposé serait très incomplet si les conditions d'utilisation en analyse financière de la notion de valeur ajoutée, de tous les ratios qui l'utilisent, n'étaient pas évoquées.

Il paraît très simple de calculer les ratios, mais encore faut-il que les termes en soient précis, homogènes et permettent bien de circonscrire le phénomène que l'on souhaite analyser.

Dans le cas présent, deux conditions ne doivent pas être oubliées :

— En premier lieu, il faut définir avec précision la notion de valeur ajoutée qui est à retenir.

Si l'on veut mesurer l'efficacité des moyens de production de l'entreprise, le rendement de ces moyens, l'évolution de la valeur ajoutée, donc l'évolution de l'entreprise, il faut, aux différentes notions présentées, en ajouter une autre, qui est une notion de valeur corrigée. En effet, dans la consommation intermédiaire, on intègre nécessairement les annuités de crédit-bail, les frais concernant le personnel intérimaire, qui nous paraissent devoir être réintégrés dans la valeur ajoutée pour calculer les ratios en cause — les annuités crédit-bail étant réparties entre les frais financiers et les amortissements, le personnel intérimaire étant intégré, bien sûr, dans les charges de personnel.

Pour les ratios de répartition, ce n'est plus une notion de valeur ajoutée, telle qu'elle a été définie, qu'il faut prendre en considération, mais une notion élargie de valeur ajoutée, de toutes les ressources qui viennent gonfler les comptes de résultats de l'entreprise : produits financiers, subventions, produits d'immobilisations « hors exploitation »...

— En second lieu, il est évident que ces ratios ne seront utilisables en analyse, et à plus forte raison pour fonder des décisions de gestion, que dans la mesure où les termes seront exprimés en unités parfaitement homogènes. Ceci est surtout valable pour tous les ratios qui vont faire intervenir des notions de flux et de stocks ; il devra être tenu compte des incidences de l'érosion monétaire, de façon à pouvoir aboutir à des résultats parfaitement valables. Des corrections sont ainsi nécessaires pour recalculer une valeur ajoutée plus « réelle », pour définir des immobilisations plus « actuelles », etc.

Enfin, quel que soit l'intérêt de la valeur ajoutée, en analyse financière, et des ratios qui en découlent, il ne faut jamais oublier que c'est en évolution et dans les comparaisons inter-entreprises que ces analyses prennent toute leur signification.

Une grandeur, un ratio, ne sont le plus souvent qu'un constat, et le jugement n'est possible que si l'on considère leur évolution ou si on les compare avec les grandeurs et ratios similaires de firmes comparables.

Au terme de cet exposé, très bref car il y aurait encore beaucoup à dire, il serait dangereux de conclure en indiquant que la valeur ajoutée est un instrument d'analyse complet. Son importance est très grande car elle permet de cerner les performances, les politiques de l'entreprise, mais certains volets de l'analyse sont totalement ignorés : il en est ainsi de la rentabilité, de la structure du capital investi.

De plus, dans le type d'analyse que nous venons d'évoquer, c'est l'entreprise dans sa globalité qui a été considérée, mais si l'on voulait descendre à l'intérieur de l'entreprise, on se heurterait peut-être à un certain nombre de difficultés.

Il n'en reste pas moins que le contenu de la notion de valeur ajoutée est suffisamment riche pour en justifier une utilisation croissante en analyse financière. »

4° Résultat économique brut

Ce solde intermédiaire de gestion est utilisé par la centrale des bilans. Le Conseil National de la Comptabilité ne l'a pas mentionné dans le plan comptable révisé. Ce solde mesure la rentabilité du capital économique. Il est donc obtenu en soustrayant de la valeur ajoutée les frais de personnel. Ce dernier terme est entendu dans son sens large. Les frais de personnel intérimaire sont donc nécessairement rattachés aux frais de personnel de l'entreprise. On entend ainsi pénaliser l'entreprise de tous les frais de personnel qu'elle a supportés quelle que soit la façon dont ils sont financés.

On obtient 62 200 − 38 000 = 24 200 F.

Excédent brut d'exploitation	: 24 200 − 3 000 = 21 200
Résultat d'exploitation	: 21 200 − 2 000 = 19 200
Résultat courant	: 19 200 − 1 500 = 17 700
Résultat exceptionnel	: 600 − 1 700 = − 1 100

5° L'EXCÉDENT BRUT D'EXPLOITATION

Cette valeur est égale à la valeur ajoutée de laquelle sont soustraits les frais de personnel et les impôts et taxes. Le poste impôts et taxes n'enregistre ni l'impôt sur les sociétés comptabilisé au compte de pertes et profits ni la T.V.A. comptabilisée au bilan (compte d'exploitation tenu entièrement H.T.). Dans la mesure où ces ventes seraient comptabilisées T.T.C., il conviendrait de déduire la T.V.A. sur ventes, des ventes et du compte 62 impôts et taxes.

L'excédent brut d'exploitation est donc égal à : 62 200 − 38 000 − 3 000 soit 21 200.

6° RÉSULTAT A RÉPARTIR

Celui-ci résulte de l'addition du résultat courant et du résultat exceptionnel. Il n'a pas été prévu par le plan comptable révisé. Il présente cependant l'intérêt de mettre en valeur le Résultat que se partageront les trois participants directs de l'entreprise à savoir :

— l'État, par le biais de l'impôt sur les sociétés ;
— le personnel, par le biais de la participation aux fruits de l'expansion ;
— les actionnaires qui se distribueront ou non le Résultat net comptable de l'exercice.

On obtient : 17 700 − 1 100 = 16 600 F.

Le résultat net avant impôt sur les sociétés est dans ce cas de 16 600 soit : 17 700 + 600 − 1 000 − 700 = 16 600 duquel on déduit l'I.S. soit 50 % et l'on obtient le résultat net comptable soit 8 300.

Nous avons admis dans un but de simplification que le résultat imposable était égal au résultat comptable avant impôt. Cela implique qu'il n'y ait ni réintégration, ni déduction fiscale.

B. La formation de la marge d'autofinancement

Bénéfice net comptable
\+ Dotations aux amortissements
\+ Dotations aux provisions à caractère de réserve

Marge brute d'autofinancement
− Distribution de dividendes

Marge nette d'autofinancement.

Le tableau ci-dessus montre comment se forme la capacité d'autofinancement dénommée marge d'autofinancement. Selon qu'une distribution de dividendes a lieu ou non, celle-ci est dite nette ou brute.

Un arrêté définit ainsi la M.B.A. (marge brute d'autofinancement). *« Souvent désignée par l'expression anglaise cash flow, la marge brute d'autofinancement est, au bilan de fin d'exercice d'une entreprise, le total constitué par les amortissements, tout ou partie des provisions et le résultat net après impôt. Elle représente la capacité d'autofinancement de l'entreprise dégagée au cours de l'exercice (avant une éventuelle distribution de bénéfices). On disait naguère capacité d'autofinancement, mais cette expression ne marque pas le caractère de la marge disponible et est donc moins précise que la M.B.A. »*

Le plan comptable, quant à lui, précise la notion de capacité d'autofinancement (C.A.F. en abrégé).

Cette définition est imprécise et il paraît opportun de faire les remarques suivantes :

1) Le raisonnement est tenu à l'envers et normalement on devrait trouver le même résultat que par l'approche précédente.

2) Ce ne sont pas les comptes d'amortissements et de provisions qui sont à prendre en compte (figurant au bilan), mais les comptes de dotations aux provisions et dotations aux amortissements figurant au compte de résultat.

3) Il faut bien comprendre que la M.B.A., le cash flow et la C.A.F. sont trois notions distinctes. Le tableau synoptique suivant permettra de mieux assimiler ces différences.

	CASH FLOW	M.B.A.	C.A.F. (Plan Comptable
FONDEMENT	Notion fondée sur la comptabilité en partie simple (Recettes et dépenses)	Notion fondée sur la comptabilité en partie double (Produits et charges)	Notion fondée sur la comptabilité en partie double (Produits et charges)
UTILISATION	Calcul de rentabilité des investissements	Aptitude totale à s'autofinancer	Aptitude partielle à s'autofinancer
CARACTÉRISTIQUE	Le cash flow peut être actualisé	Pas d'actualisation	Pas d'actualisation
CALCUL	Recette − Dépense d'un investissement à un instant t	Bénéfice + Dot. aux amortissements + Dot. aux provisions à caractère de réserve	

Par rapport à la C.A.F. la M.B.A. présente la caractéristique d'être beaucoup plus large. Elle correspond à la réalité. Cette dernière peut s'illustrer par l'exemple suivant. Dire que la M.B.A. s'élève à 500 000 F à la clôture de l'exercice ne signifie pas que cette somme soit disponible, mais qu'elle le sera à très court terme. Autrement exprimé, en admettant que l'entreprise n'a vécu qu'un seul exercice, on dire que la M.B.A. de 500 000 F représente l'argent que l'entreprise pourrait mettre « sur la table » si tous les clients et fournisseurs étaient respectivement encaissés et réglés immédiatement ; les stocks étant retenus par hypothèse comme invariants.

La C.A.F. est une notion plus limitative et économiquement moins précise en ce sens que *toutes* les dotations aux provisions nettes de reprises sont admises. En outre divers retraitements relatifs aux plus et moins-values et à l'amortissement des subventions d'investissements en modifient la valeur afin de respecter les règles de présentation du tableau des emplois et des ressources.

Calcul de la marge d'autofinancement par les deux méthodes.

Nous avons vu que l'excédent brut d'exploitation était égal à 21 200.

Le tableau de formation de la marge d'autofinancement se présente comme suit :

Frais financiers	1 500	Excédent brut d'exploitation	21 200
Pertes exceptionnelles	700	Produits financiers	0
Pertes s/exercices antérieurs	1 000	Profits s/exercices antérieurs	0
Participation des salariés	0	Profits exceptionnels	600
Impôt sur les sociétés	8 300		
			21 800
	11 500	⟶	− 11 500
		Marge brute d'autofinancement	10 300

L'entreprise a été constituée sous forme de société anonyme et son capital est de 1 000 actions. L'assemblée générale ordinaire statuant sur les comptes de l'exercice décide la distribution d'un dividende de 5 F par action, soit 5 000 F.

La marge nette d'autofinancement est ainsi égale à 10 300 − 5 000 = 5 300.

Elle représente l'aptitude finale de l'entreprise à se financer elle-même.

Deuxième méthode

Cette méthode consiste à cumuler le résultat net comptable aux comptes de dotations aux provisions et aux amortissements.

Selon l'exemple précédent :

— Résultat net comptable 8 300
— Dotations aux provisions et aux amortissements 2 000

Marge brute d'autofinancement 10 300

Nous retiendrons donc en définitive :

— Marge brute d'autofinancement à la clôture de l'exercice 10 300
— Marge nette d'autofinancement à la clôture de l'exercice : 10 300 − 5 000 = 5 300

Une troisième approche consiste à dire que la marge brute d'autofinancement est égale à la différence entre les produits encaissés ou encaissables moins les charges décaissées ou décaissables.

On constate ainsi que la M.B.A. est une marge (bénéfice) disponible à court terme qui augmentera la possibilité d'autofinancement. Bien sûr cette marge se forme tout au long de l'exercice de telle sorte qu'il est possible financièrement de l'utiliser en cours d'année sans modifier l'équilibre financier.

Nous venons d'examiner le principe général de calcul de la marge brute et nette d'autofinancement ; il convient désormais de définir ces deux concepts :

Définition de la M.B.A.

La marge brute d'autofinancement d'une entreprise représente son aptitude potentielle à s'autofinancer, engendrée par l'exploitation d'un exercice.

Définition de la M.N.A.

La marge nette d'autofinancement d'une entreprise représente son aptitude réelle à s'autofinancer, engendrée par l'exploitation d'un exercice.

Ces deux définitions appellent les remarques suivantes :

— La M.B.A. situe l'aptitude potentielle, et mesure donc une des performances économiques de l'entreprise. Financièrement, la M.N.A. est la seule marge dont bénéficie l'entreprise. On peut ainsi écrire que les réserves de l'entreprise sont l'agrégat de toutes les marges nettes.

Nous avons vu plus haut qu'il existe deux manières de calculer la marge brut d'autofinancement. La plus simple consiste à additionner le bénéfice net comptable aux dotations aux amortissements et aux provisions. Si les dotations aux amortissements ne soulèvent pas de difficulté, il n'en va pas de même pour les dotations aux provisions. La règle financière consiste à ne prendre (selon ce mode de calcul) que les provisions ayant un caractère de réserve.

Nous avons vu que devrait être considérée comme ayant un caractère de réserve toute provision couvrant un risque dont la réalisation a une probabilité inférieure à 50 %. Ce critère implique que l'aspect réalisation l'emporte d'abord sur l'aspect coût ; cette dernière approche peut être illustrée par l'exemple suivant :

Supposons que l'entreprise provisionne pour 200 000 F un risque dont la probabilité de réalisation n'est que de 20 %. Dans ce cas, la provision a un caractère de réserve. Supposons maintenant que cette provision ait 70 % de chances de correspondre à un décaissement réel, mais que ce décaissement ne soit que de 50 000 F et non pas de 200 000 F. Selon cette dernière hypothèse, la provision a un caractère de charge décaissable (et non pas de réserve) ; elle peut être considérée à caractère de réserve pour 200 000 − 50 000, soit 150 000 F, car le coût lié au risque a été surestimé.

On voit ainsi que toute analyse financière précise implique un raisonnement fondé sur les deux questions suivantes :

— quelle est la probabilité de réalisation ?

— quelle est la probabilité liée à la charge décaissable (ou l'entreprise n'a-t-elle pas provisionné excessivement ou insuffisamment) ?

EXEMPLE D'APPLICATION N° 1

Soit le tableau de formation du résultat suivant :

Frais financiers	**1 500**	**Excédent brut d'exploitation**	**30 000**
Impôt sur les sociétés	**8 000**	**Produits financiers**	**1 000**
Pertes exceptionnelles	**50**	**Profits exceptionnels**	**800**

Les dotations aux amortissements s'élèvent à 2 500 F.

Les dotations aux provisions s'élèvent à 3 000 F dont 1 100 F sont considérés à caractère de réserve et 1 900 F à caractère décaissable.

Déterminons la marge brute d'autofinancement par les deux méthodes.

1re Méthode

Frais financiers	**1 500**	**Excédent brut d'exploitation**	**30 000**
Impôt sur les sociétés	**8 000**	**Produits financiers**	**1 000**
Pertes exceptionnelles	**50**	**Profits exceptionnels**	**800**
Dotations aux provisions à caractère de charge décaissable	**1 900**		
	11 450		**31 800**

La M.B.A. s'élève à 31 800 − 11 450 soit 20 350 F. On remarquera que les dotations aux amortissements (2 500) et les dotations aux provisions à caractère de réserve (1 100) sont exclues du calcul car elles ne correspondent pas à des charges décaissables.

2e Méthode

Déterminons le résultat net comptable.

Il vient :

Frais financiers	1 500	Excédent brut d'exploitation	30 000
Impôt sur les sociétés	8 000	Produits financiers	1 000
Pertes exceptionnelles	50	Profits exceptionnels	800
Dotations aux amortissements	2 500		
Dotations aux provisions	3 000		
	15 050		31 800

Le résultat net est de 31 800 − 15 050 soit 16 750 F.

Nous obtenons donc :

Résultat net comptable	16 750
Dotations aux amortissements	2 500
Dotations aux provisions à caractère de réserves	1 100
Marge brute d'autofinancement	20 350 F

Cette fois-ci, nous avons ajouté les provisions à caractère de réserve et nous retrouvons bien sûr le même résultat.

EXEMPLE D'APPLICATION N° 2

En reprenant les données de l'exemple précédent, supposons que les dotations aux provisions de 3 000 F se décomposent comme suit :

— 1 100 F à caractère de réserve ;

— 1 900 F couvrant un risque dont la probabilité de réalisation est de 80 %, mais dont le coût final aurait dû être raisonnablement estimé à 1 000 F au lieu de 1 900 F.

Selon la première méthode de calcul, il vient ;

Frais financiers	1 500	Excédent brut d'exploitation	30 000
Impôt sur les sociétés	8 000	Produits financiers	1 000
Pertes exceptionnelles	50	Produits exceptionnels	800
Dotations aux provisions à caractère de charges décaissables réel	1 000		
	10 550		31 800

La M.B.A. s'élève à 31 800 − 10 550, soit 21 250 F.

Selon la seconde méthode, il vient :

Résultat net comptable	**16 750**
Dotations aux amortissements	**2 500**
Dotations aux provisions à caractère de réserve :	
1re	**1 100**
2e : 1900 – 1000	**900**
Marge brute d'autofinancement	**21 250 F**

Les principes théoriques étant définis, examinons maintenant l'application pratique et les difficultés qu'elle entraîne.

1° LES PROVISIONS RÉGLEMENTÉES

a) La provision pour investissement.

Celle-ci est égale à 10 % de la participation des employés aux fruits de l'expansion, égale à :

$$\frac{1}{2}(B - \frac{5}{100}C) \times \frac{S}{VA}$$

B est le bénéfice net comptable,

C les capitaux propres,

S la masse salariale,

VA la valeur ajoutée.

Cette provision est déductible fiscalement à la condition qu'elle ait été utilisée dans les douze mois qui suivent sa constitution. Les investissements effectués par l'entreprise au cours de l'année doivent être supérieurs en valeur à cette provision. Elle a un caractère de réserve.

b) La provision pour fluctuation des cours

Cette provision est constituée en vue de couvrir les risques inhérents à la variation des cours de certaines matières (pétrole, fer, zinc, or, etc.).

Elle est déductible fiscalement dans la limite du bénéfice comptable de l'exercice (si la dotation est supérieure au bénéfice net comptable, le résultat sera strictement égal à zéro).

Cette provision a un caractère de réserve, son objectif étant de faciliter le financement du cycle d'exploitation.

c) La provision pour hausse des prix

Cette provision a pour but de couvrir les risques liés à la hausse des marchandises. Elle est calculée selon la formule suivante :

$$P = \text{Stock de clôture} \times \left(V_n - \frac{V_{n-1} \times 110}{100}\right)$$

V_n est le prix unitaire de la marchandise à la clôture de l'exercice n.

V_{n-1} peut être remplacé par V_{n-2} si cela avantage l'entreprise. Elle est déductible fiscalement, mais doit être réintégrée au résultat fiscal, au maximum lors de la sixième année qui suit sa constitution.

Cette provision a également un caractère de réserve, son objectif financier étant identique à celui de la provision pour fluctuation des cours.

On peut, en conclusion, considérer que toutes les provisions réglementées ont un caractère de réserve.

2° LES PROVISIONS POUR RISQUES ET CHARGES

Deux éléments doivent être pris en considération :

— la probabilité de réalisation et de coût que nous avons étudiée plus haut ;
— la durée de la réalisation, dans l'hypothèse où celle-ci est certaine.

a) Provision pour renouvellement des immobilisations

Dans l'hypothèse où le programme d'investissement est réparti sur plusieurs exercices, ce type de provisions a un caractère de réserve.

Supposons qu'une entreprise prévoit la création de cinq usines, à raison d'une par an (pendant 5 ans). Le bénéfice de l'année 0 va être amputé de la totalité des investissements prévus. Ce type de provisions a donc un caractère de réserve. Le même raisonnement doit être suivi pour les provisions pour charges à répartir sur plusieurs exercices.

Inversement, une provision pour pertes de change, prévue par le plan comptable n'a pas un caractère de réserve (sauf si elle ne repose sur aucun fait concret) car sa constitution intervient lors de l'établissement du bilan de clôture (deux ou trois mois après la clôture de l'exercice), et le service comptable peut alors, en connaissance de cause, chiffrer la perte de change et la rattacher à l'exercice clos.

b) Les provisions pour dépréciation d'actif

1) Les provisions pour dépréciation d'actif immobilisé

Selon le tableau de financement, ces provisions sont inscrites à la rubrique « autofinancement brut » et considérés à ce titre comme à caractère de réserve. Ce principe est pourtant très discutable et il est nécessaire de se reporter au raisonnement selon lequel, la provision est ou n'est pas justifiée. Le Conseil National de la Comptabilité pousse (à raison) la logique plus loin. Selon lui, il s'agit de savoir si la dépréciation est ou n'est pas irréversible.

L'exemple suivant illustrera plus clairement ce principe :

Une société A possède 90 % des actions d'une société X. Ces titres apparaissent à l'actif pour leur prix d'acquisition, soit 500 000 francs. A la clôture de l'exercice n les pertes de la société X s'élèvent à 1 000 F. Précisons en outre que la société X a toujours été en bénéfice.

La société A, au vu des résultats, fait preuve de pessimisme et provisionne ces titres pour 200 000 F. Cette provision a un caractère de réserve car elle est exagérée et la situation est réversible.

Supposons maintenant que pour des raisons commerciales nettement précisées, la société X ait perdu la totalité de son marché et que de ce fait on estime qu'elle sera amenée dans un avenir immédiat à déposer son bilan. La situation étant jugée irréversible, la provision de 200 000 F n'a plus un caractère de réserve. Il est possible, tout au plus, de la considérer comme prématurée.

Il n'existe donc aucun raisonnement absolu et l'appréciation de la qualité d'une provision est exclusivement une question de fait.

2) Les provisions pour dépréciation d'actif à court terme

Supposons qu'une entreprise ait une créance client de 400 000 F dont le règlement se fasse attendre. Le chef d'entreprise provisionne pour 300 000 F. Si le client est en liquidation de biens, cette provision est justifiée, irréversible et a un caractère de produit non encaissable (financièrement équivalent à une charge décaissable). Si le client a manifestement l'intention et les moyens de payer à court terme, la provision est alors injustifiée et a un caractère de réserve.

3° LES REPRISES SUR AMORTISSEMENTS ET PROVISIONS (et transferts de charges)

Nous avons admis que la marge brute d'autofinancement pouvait se calculer en agrégeant au bénéfice les dotations aux amortissements ainsi que les dotations aux provisions à caractère de réserve.

Dans l'hypothèse où apparaissent au crédit du compte de résultat des reprises sur provisions, il convient de déduire ce flux de produits du calcul de la marge brute d'autofinancement. Seules doivent donc être prises en compte les dotations nettes des reprises.

Afin de mieux illustrer le mécanisme économique nous raisonnerons sur deux exercices.

Exemple n° 1

Soit une entreprise dont nous possédons les éléments suivants :

	n	n+1
Bénéfice :	1 000 F	1 700 F
Dotations aux amortissements :	600 F	600 F
Dotations aux provisions (à caractère de réserves) :	500 F	
Reprise sur provision :		– 500 F
	2 100 F	1 800 F

Il vient :

M.B.A. n = 2 100 F et M.B.A. n + 1 = 1 800 F

En cumulant les deux M.B.A. (n et n + 1) il vient : 2 100 + 1 800 = 3 900 F

Nous savons que la reprise de 500 F en n + 1 correspond à l'annulation comptable de la provision constituée à la clôture de l'exercice n. L'annulation de cette provision démontre *a posteriori* qu'il s'agissait d'une provision à caractère de réserve. L'entreprise a donc soustrait artificiellement 500 F du bénéfice n qui auparavant s'élevait à 1 500. En n + 1 le bénéfice de 1 700 F inclut les 500 F de reprise. Si on ne déduit pas cette somme, cela revient à la compter en n et en n + 1 (compris dans le bénéfice) soit deux fois. Si nous calculons maintenant la marge brute d'autofinancement sur la période n/n + 1 (sur deux exercices) nous obtiendrons :

Bénéfice avant reprise sur provision :	1 000 + 1 200 = 2 200 F
Dotations aux amortissements :	600 + 600 = 1 200 F
Dotations aux provisions à caractère de réserve :	500 F
	3 900 F
En cumulant les deux M.B.A. (n et n + 1) il vient :	2 100 + 1 800 = 3 900 F

Exemple n° 2

	n	n+ 1
Bénéfice	1 000 F	1 700 F
Dotations aux amortissements	600 F	600 F
Dotations aux provisions (considérées comme une charge décaissable)	500 F	500 F
Reprise de la provision de l'exercice précédent		— 500 F

Il vient :

M.B.A. n = 1 000 + 600 = 1 600.

M.B.A. n + 1 = 1 700 + 600 = 2 300. On ne tient pas compte de la reprise car la dotation n'a pas majoré la marge brute d'autofinancement de l'exercice précédent.

TROISIÈME PARTIE

LES RATIOS

Nous avons vu lors de l'introduction l'avantage que l'on pouvait tirer de la comparaison des ratios à une norme.

En France, cette norme est déterminée par la Centrale des Bilans. En conséquence, nous examinerons en particulier les ratios pour lesquels la Centrale des Bilans édite une norme.

Cette dernière distingue quatre types de ratios :

— les ratios analysant les facteurs de production ;
— les ratios de gestion de rentabilité ;
— les ratios d'exploitation ;
— les ratios financiers.

I. — Les ratios analysant les facteurs de production

Les ratios permettent de situer le montant et l'évolution des facteurs entrant dans le cadre de la production. Nous savons que toute production est précédée par des charges destinées à couvrir le prix du facteur travail, du facteur capital et des facteurs extérieurs.

1° LE TAUX DE VALEUR AJOUTÉE $= \dfrac{\text{Valeur ajoutée}}{\text{Production}}$

Ce ratio exprime la contribution propre de l'entreprise à l'œuvre de production. C'est-à-dire son apport valorisé à la production nationale brute. Il permet de mesurer le rapport qui existe entre l'apport capital et travail, et la production qui en est le fruit.

Un exemple illustrera ce ratio :

Une entreprise ne transformant pas ou peu les produits qu'elle achète aura tendance à avoir un taux de valeur ajoutée voisin de 0.

Au contraire, une entreprise transformant totalement les matières premières qu'elle reçoit aura un taux de valeur ajoutée voisin de 1.

Si l'on compare deux entreprises produisant les mêmes produits avec des matières premières identiques, celle dont le taux de valeur ajoutée est le plus proche de 1 (ou 100 %) sera considérée comme plus efficace quant à l'utilisation de ses facteurs propres de production. On dira que son efficacité économique est meilleure.

Ce taux est d'autant plus intéressant que ces composantes sont des flux et intègrent donc la variable temps, l'inflation n'influe donc que faiblement sur les termes du rapport.

2° RATIO D'INTENSITÉ CAPITALISTIQUE $= \dfrac{\text{Immobilisation brute}}{\text{Effectif}}$

Ce ratio mesure le rapport existant entre le capital et le travail. Une entreprise, dont l'équipement est très moderne devrait avoir un ratio d'intensité capitalistique élevé (exemple, une centrale électrique). Le travail à la chaîne a développé rapidement le ratio d'intensité capitalistique.

Il peut être intéressant de suivre l'évolution de ce ratio de manière à situer la propension à investir des dirigeants d'une entreprise.

Une forte intensité capitalistique implique une marge brute d'autofinancement élevée. En effet, le renouvellement des immobilisations nécessitera un besoin de financement au moins égal à la capacité de financement dégagée par les amortissements. L'inflation interdit qu'un matériel acheté vingt ans auparavant pour 100 000 et amorti totalement, donc pour 100 000, soit susceptible d'être racheté pour la même somme. Le remplacement entraînera un décaissement vraisemblablement cinq fois supérieur. Il appartient au gestionnaire de prévoir cette dépense.

La portée de ce ratio est cependant très limitée.

Nous savons que les immobilisations figurent à l'actif du bilan, en valeur brute, pour leur prix d'achat. L'ancienneté du matériel acquis diminue la portée d'une comparaison entre deux entreprises car l'érosion monétaire influe trop fortement sur les valeurs retenues.

De plus, il convient de différencier les immobilisations productives (matériel et outillage, etc.) de celles qui ne le sont pas (immeuble administratif, etc.).

On peut attendre de la réévaluation des bilans une amélioration à court terme des valeurs de base à retenir.

La solution que l'on pourrait apporter à ces difficultés consisterait à affiner le ratio de la manière suivante :

$$\frac{\text{immobilisations productives réévaluées}}{\text{effectif}}$$

ou bien si cela est possible :

$$\frac{\text{nombre de machines outils en service}}{\text{effectif}}$$

Ces deux ratios permettraient de suivre l'évolution de la tendance capitalistique de l'entreprise mais rendraient plus délicates en revanche (faute d'informations), les comparaisons inter-entreprises.

3° $\dfrac{\text{Production}}{\text{Effectif}}$

Ce ratio permet de mesurer la force productive du facteur travail. La comparaison interentreprise est cependant limitée par l'intensité capitalistique, c'est-à-dire par l'importance du facteur capital.

En supposant que deux entreprises aient un matériel productif du même âge et que leur taux d'intensité capitalistique $\dfrac{\text{immobilisations brutes productives}}{\text{effectifs}}$ soit équivalent, la comparaison peut alors avoir une portée intéressante. Celle-ci est toutefois limitée par les effets d'échelle. Ainsi le rapprochement effectué au moyen de ce ratio entre une entreprise employant vingt ouvriers et une autre en employant deux mille, risquerait d'aboutir à des conclusions fausses.

Son utilisation devrait donc d'une manière générale être réduite à l'étude de l'évolution d'une entreprise.

4° $\dfrac{\text{Valeur ajoutée}}{\text{Immobilisations brutes productives}}$

Ce ratio exprime le rendement de l'équipement. Toutefois, il permet de situer l'aptitude des immobilisations productives à transformer des biens. Le phénomène inflationniste en limite la portée.

Ce ratio peut être établi conjointement avec le ratio $\dfrac{\text{Valeur ajoutée}}{\text{effectif}}$ qui représente la valeur de rendement, non plus du capital mais du travail.

La Centrale des Bilans, consciente des problèmes soulevés par l'érosion monétaire suggère que l'on utilise un ratio dit coefficient marginal du capital, celui-ci est égal à :

$$\frac{\text{variation de la valeur ajoutée}}{\text{investissements productifs de l'année}}$$

Le dénominateur doit cependant être aménagé afin de tenir compte de la date d'entrée au cours de l'année des immobilisations, celles-ci ne produisant que pendant une partie seulement de l'exercice.

5° $\dfrac{\text{Excédent brut d'exploitation (1)}}{\text{Immobilisations brutes}}$

Le taux de rendement brut des immobilisations mesure l'aptitude du facteur capital à créer des profits. L'inflation risque de fausser sensiblement la valeur de ce ratio.

---

(1) Résultat brut d'exploitation avant frais financiers.

6° $\dfrac{\text{Frais de personnel}}{\text{Valeur ajoutée}}$

Ce ratio représente le rendement de l'investissement humain. Afin de mieux suivre l'évolution du rendement, il serait souhaitable de remplacer ce ratio par :

$$\frac{\text{frais de personnel productif}}{\text{valeur ajoutée}}$$

La Centrale des Bilans ne donne toutefois aucun élément sur ce dernier. La comparaison inter-entreprises n'est donc pas possible.

II. — Les ratios de gestion et de rentabilité

Il existe de nombreux ratios de gestion et de rentabilité. Nous bornerons notre étude aux ratios normés, à savoir ceux pour lesquels la Centrale des Bilans édite des statistiques.

Nous avons vu précédemment que les ratios analysant les facteurs de production mettaient en évidence l'aptitude productrice de l'entreprise. Désormais, l'aptitude commerciale et la profitabilité de l'entreprise seront mises en valeur. Le raisonnement sera fondé sur la comparaison entre les diverses marges et le chiffre d'affaires. Enfin, toutes les valeurs retenues le seront hors taxe.

1° LE TAUX DE MARQUE = $\dfrac{\text{Marge sur prix d'achat des marchandises vendues}}{\text{Ventes}}$

Rappelons que la marge sur prix d'achat des marchandises vendues est également dénommée marge brute.

Exemple : une entreprise a vendu mille articles à dix francs (H.T.). Ces articles ont été achetés par elle six francs l'unité (H.T.).

Dans ces conditions, le chiffre d'affaires est de : .... 10 000 F

Le prix d'achat des marchandises vendues est de : .... 6 000 F

La marge brute est de 10 000 − 6 000 soit .... 4 000 F

et le taux de marque est de $\dfrac{4\,000}{10\,000} = 40\ \%$.

2° $\dfrac{\text{Excédent brut d'exploitation}}{\text{Ventes}}$

Nous avons vu précédemment que la politique d'amortissement en France était davantage axée sur les possibilités fiscales les plus favorables que sur la durée et le rythme d'usure des immobilisations. De la même manière, l'utilisation des provisions fiscales réglementées (provisions pour investissement, pour hausse des prix, pour fluctuation des cours) ainsi que des provisions destinées à couvrir des risques futurs éventuels, pouvait avoir une influence sensible sur les résultats dégagés par la comptabilité. L'utilisation de l'excédent brut d'exploitation (ou résultat brut d'exploitation avant frais financiers) élimine l'incidence de la politique d'amortissement, de la politique financière (frais financiers) et de celle de prudence (provisions).

Ainsi ce ratio permet de dégager l'aptitude propre de l'entreprise à dégager des profits.

Ce ratio peut être rapproché du ratio d'intensité capitalistique. En effet, dans la mesure où l'entreprise est fortement industrialisée, il est nécessaire que sa marge :

$$\frac{\text{excédent brut d'exploitation}}{\text{ventes}}$$

soit très élevée.

L'entreprise aura dans ce cas la possibilité financière de renouveler son équipement.

3° $\dfrac{\text{Résultat brut d'exploitation après frais financiers}}{\text{Ventes}}$

La comparaison entre ce ratio et le ratio précédent permet de dégager l'incidence du financement extérieur sur l'entreprise.

$$\frac{\text{Résultat net d'exploitation}}{\text{Ventes}}$$

Le numérateur de ce ratio retient tous les frais inhérents à l'exploitation. Les remarques faites précédemment, relatives aux comptes de dotations aux provisions et de dotations aux comptes d'amortissement en limitent cependant la portée.

Tous les ratios de gestion que nous venons d'étudier prennent comme référence le chiffre d'affaires. Ils intéressent le gestionnaire. Différemment, les ratios que l'on pourrait qualifier ratios de rendement vont attirer l'attention de l'investisseur. Les capitaux apportés sont désormais la référence principale.

4° $\dfrac{\text{Excédent brut d'exploitation}}{\text{Capitaux investis}}$

On entend par capitaux investis non seulement les capitaux permanents (capitaux propres + capitaux d'emprunt), mais aussi certains apports résiliables à court terme, dont la pérennité nous conduit à les considérer comme des valeurs à long terme. Un apport en compte courant, figurant au passif du bilan depuis plusieurs années, un découvert bancaire perpétuel représentent du point de vue financier un financement à long terme.

La difficulté d'utilisation de ce ratio réside dans le fait que le dénominateur agrège des éléments que l'inflation rend disparates. Il est évident qu'un rapport de mille francs par les actionnaires en n ne saurait être comparé et additionné à un apport de mille francs en n + 28.

Un exemple illustrera cette faiblesse.

La société X au capital de 10 000 francs a été constituée en n. Son ratio de rentabilité des capitaux propres est :

$\dfrac{\text{Excédent brut d'exploitation}}{\text{Capitaux propres}}$ a été en n de $\dfrac{300}{10\,000} = 3\ \%$

en n + 28, celui-ci est de $\dfrac{4\,021{,}80}{10\,000} = 40{,}22\ \%$

Les chiffres indiquent un accroissement très grand du taux de rentabilité des capitaux investis. Pourtant le taux de rentabilité est resté stable au cours du temps et l'augmentation n'est le fait que d'un taux d'inflation de 6 % l'an ;

$$\text{soit } \frac{300}{10000} \times \left[1 - \frac{(1 + 0{,}06)^{-28}}{0{,}06} \right] = \frac{300}{10000} \times 13{,}406 = \frac{4021{,}8}{10000} = 40{,}22\ \%$$

Tous les ratios rapportant des flux (excédent d'exploitation, résultat net ou brut, etc.) à des stocks, au sens économique du terme (capitaux propres, permanents, etc.) doivent être utilisés avec précaution du fait de l'érosion monétaire.

III. — Les ratios d'exploitation

Les ratios d'exploitation mesurent les charges engagées par rapport soit au total des charges, soit au total des ventes. Nous signalerons :

1° $\frac{\text{Frais de personnel}}{\text{Total des charges}}$

2° $\frac{\text{Achats + Variation des stocks}}{\text{Ventes}}$

$$\frac{\text{Achat + variation des stocks + frais divers de gestion + transport et déplacement + T.E.S.}}{\text{Ventes}}$$

3° LE TABLEAU COMPARATIF DES CHARGES

Il est toutefois plus significatif d'établir un tableau comparatif des charges, conçu par rapport au total des produits. Le gestionnaire a ainsi la possibilité de suivre le volume relatif des charges par nature qu'il a du engager pour réaliser son chiffre d'affaires.

Ce tableau se présentera comme suit :

	Charges n	Charges n + 1	Variation	Variation en %
Achats	20000	25000	+ 5000	+ 25 %
Frais de personnel	10000	12000	+ 2000	+ 20 %
Impôts et taxes	1000	1000	0	0 %
Travaux fournitures et services ext.	2000	2500	+ 500	+ 25 %
Transports et déplacements	3000	1000	—2000	— 66 %
Frais divers de gestion	2000	8000	+ 6000	+ 300 %
Frais financiers	1000	3000	+ 2000	+ 200 %
Dotations aux amortissements	1000	1000	0	0
Résultat d'exploitation	3000	6000	+ 3000	+ 100 %

Un examen approfondi des comptes indiquera que la hausse considérable des frais divers de gestion est due à une importante campagne publicitaire. Celle-ci a d'ailleurs porté ses fruits puisque le résultat net d'exploitation a doublé. La hausse des frais de personnel et la conséquence d'une politique de l'emploi plus large (+ 10 %) et de l'augmentation des salaires (+ 10 %).

Les achats ont augmenté de 25 %, la répartition de cette hausse est due à raison de 5 % à la montée des cours et à raison de 20 % à la quantité supplémentaire achetée. Une réorganisation de la distribution des produits a entraîné une baisse sensible des frais de transport (− 66 %). Toutefois, l'entreprise ne disposait pas d'un fonds de roulement suffisant pour financer son surcroît d'activité ce qui explique la nécessité d'un financement extérieur générant une hausse des frais financiers de 200 %.

4° $\dfrac{\text{Ventes de biens et services}}{\text{Capitaux propres}}$

Ce ratio établit la relation entre le financement d'origine et le chiffre d'affaires qui en résulte.

Les deux termes de ce rapport ne sont pas homogènes en raison de l'érosion monétaire ; la valeur de ce ratio risque ainsi d'être faussée.

5° $\dfrac{\text{Dotations aux amortissements et provisions}}{\text{Valeur ajoutée}}$

Ce ratio rapproche les charges non décaissables à court terme de la valeur ajoutée. Ce ratio est d'autant plus élevé que l'intensité capitalistique de l'entreprise est grande. Si l'inverse se produisait, la pérennité de l'entreprise risquerait d'être menacée, le renouvellement des équipements étant freiné par le manque d'autofinancement.

6° $\dfrac{\text{Dotations aux amortissements et aux provisions + résultat comptable}}{\text{Dettes financières à plus d'un an}}$

Ce ratio souligne la relation entre la marge brute d'autofinancement (numérateur) et le financement externe. Ainsi un ratio faible confirme le besoin de financement externe. Au contraire, un ratio élevé (supérieur à 1) peut remettre en cause la politique de financement de l'entreprise car celle-ci a désormais la possibilité de s'autofinancer.

Toutefois, il est parfaitement concevable qu'une entreprise ayant la possibilité de s'autofinancer fasse systématiquement appel à des capitaux externes de façon à bénéficier d'un effet de levier. Nous reviendrons plus précisément sur cette dernière notion.

7° $\dfrac{\text{Dettes fournisseurs d'exploitation}}{\text{Achats T.T.C./360}}$ (en jour d'achat)

Ce ratio a pour objet de déterminer le délai moyen des règlements aux fournisseurs. Ce ratio ne présente d'intérêt que pour les entreprises ayant un grand nombre de fournisseurs. Il sera alors possible de prévoir approximativement les décaissements futurs sur la base des commandes émises par l'entreprise. Son utilisation impose premièrement que les comptes fournisseurs soient sélectionnés, deuxièmement une grande prudence quant à l'utilisation de la valeur obtenue.

a) Sélection des comptes fournisseurs

A la clôture de l'exercice social, les fournisseurs apparaissent au passif du bilan dans le poste dettes à court terme. Néanmoins, le plan comptable ne distingue pas la qualité de ces fournisseurs. En effet, trois types de fournisseurs sont confondus :

1) les fournisseurs d'exploitation ;
2) les fournisseurs de frais généraux ;
3) les fournisseurs d'immobilisations.

Seuls les premiers doivent être rapprochés des achats. En outre, la sélection des fournisseurs d'exploitation dans le poste fournisseurs risque dans certaines industries d'être complexe.

b) Les ratios rapprochant un flux à un stock ne sont très souvent que le reflet d'une illusion :

Un exemple illustrera le type d'erreur qui peut en découler.

Supposons une entreprise clôturant ses comptes le 31 décembre, ayant une tendance saisonnière centrée sur le mois de janvier et le mois de juillet. Schématiquement, le niveau du poste fournisseur d'exploitation est le suivant :

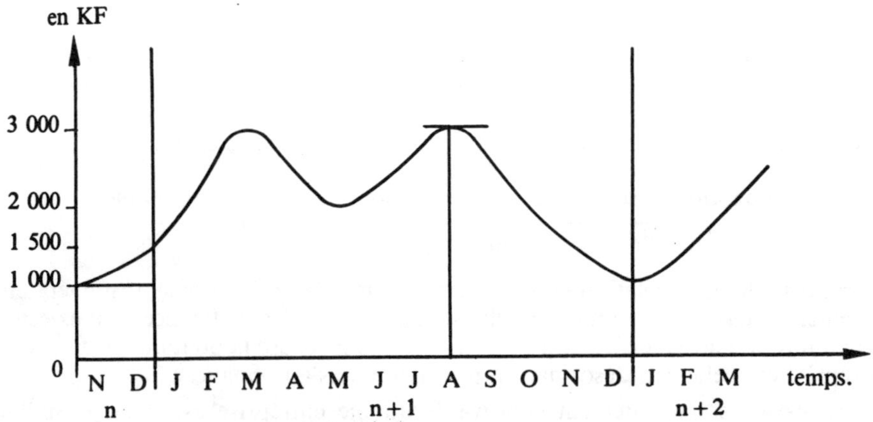

Les achats de l'année s'élèvent à 18 000 000 francs.

Au 31 décembre n, le compte fournisseur d'exploitation est créditeur pour 1 500 000 et le ratio du délai moyen des règlements aux fournisseurs est de :

$$\frac{1\,500\,000}{18\,000\,000/360} = \frac{1\,500\,000}{50\,000} = 30$$

On en déduit que le délai moyen est de 30 jours.

Or, au 31 juillet n + 1, le compte fournisseur d'exploitation est créditeur pour 3 000 000, ainsi le délai moyen passe à 60 jours d'achat.

Au mois de juillet n + 1, ce délai est de 60 jours d'achat alors qu'au 31 décembre n + 1, il n'est plus que de :

$$\frac{1\,000\,000}{18\,000\,000/360} = \frac{1\,000\,000}{50\,000} = 20 \text{ jours d'achat}$$

Il serait erroné de prévoir sur cette base le besoin de trésorerie pour le mois de janvier n + 2, car le compte fournisseur d'exploitation s'élève à cette époque à 3 000 000 francs.

8° $\dfrac{\text{Créances sur clients}}{\text{Ventes de biens et services T.T.C./360}}$

Ce ratio permet de déterminer le délai de règlement des clients. Il présente les mêmes inconvénients que le ratio précédent. Remarquons que pour ces deux ratios, les achats et les ventes sont inscrits au dénominateur toutes taxes comprises afin de rendre le rapprochement homogène (clients et fournisseurs figurant au bilan toutes taxes comprises).

IV. — Financement et ratios financiers

§ 1. — *LA NOTION DE FINANCEMENT*

L'entreprise doit satisfaire son besoin en investissement et en fonds de roulement.

A. Besoin en investissement

Indépendamment de la recherche de la rentabilité qui est l'objet même de son existence, l'entreprise doit assurer sa pérennité et stimuler sa croissance à long terme. Ces impératifs ne peuvent être atteints que dans la mesure où l'entreprise réinvestit, c'est-à-dire achète des immobilisations. Ces investissements remplaceront un matériel existant, devenu inutilisable avec le temps ou amélioreront la force productrice et stimuleront ainsi la croissance. La politique d'investissement présente la particularité d'être prévisible à long terme. Le gestionnaire sait en effet à quelle époque il lui faudra renouveler tout ou partie de son équipement.

B. Besoin en fonds de roulement

L'entreprise est tenue d'effectuer un certain nombre de dépenses dont elle ne peut différer l'échéance, elle consent des crédits à la clientèle et inversement ses fournisseurs lui accordent des délais de paiement. L'entreprise doit ainsi, au cours de son cycle d'exploitation décaisser avant d'encaisser. Pendant la durée d'attente des encaissements, les décaissements continuent à courir. Ceux-ci ne peuvent pratiquement être effectués que dans la mesure où l'entreprise dispose d'un fonds de roulement suffisant. Le besoin de fonds de roulement est donc permanent. Selon l'activité de l'entreprise, il peut être plus ou moins fluctuant. Cela peut dépendre de l'activité plus ou moins saisonnière de l'entreprise, de sa politique de stockage, etc.

C. Nécessité d'un financement stable

Pour que l'entreprise soit viable, ces deux besoins doivent être satisfaits. Le financement est donc une nécessité absolue. La permanence du besoin d'investissement et du besoin de fonds de roulement implique la permanence du financement. Autrement dit, le capital économique (équipement productif) ainsi que le fonds de roulement nécessaire à la bonne marche de l'entreprise doivent être couverts par des capitaux stables.

Il est bien évident que la symétrie qui existe entre les besoins à financer et le financement ne peut être cernée au franc près. Les problèmes d'ajustement apparaîtront chaque jour. Leur incidence doit cependant être minime. Le gestionnaire pourra ainsi rétablir l'équilibre par le biais de l'escompte ou du découvert bancaire (si sa trésorerie est insuffisante).

Les capitaux stables nécessaires sont représentés dans le bilan par les capitaux permanents (capitaux propres + capitaux d'emprunt). Le gestionnaire doit donc connaître d'une part la quantité de capitaux stables nécessaires et d'autre part la structure idéale de ces capitaux. On entend par structure des capitaux stables, la répartition entre capitaux propres et capitaux d'emprunt. La recherche de cette structure optimale repose sur les raisonnements suivants :

§ 2. — *LE COÛT ET LA RENTABILITÉ DU CAPITAL*

Les capitaux apportés par les actionnaires et les prêteurs doivent être rémunérés, faute de quoi, l'entreprise aurait les plus grandes difficultés à attirer les capitaux et risquerait ainsi de rater des occasions de traiter des opérations commerciales rentables. La recherche du moindre coût est donc le premier objectif.

A. Le risque financier

La différence fondamentale qui existe entre le coût des capitaux propres et celui des capitaux d'emprunt réside dans le fait que les premiers ne sont rémunérés qu'à la condition que l'entreprise dégage un bénéfice net comptable ; les seconds sont rémunérés quelle que soit la situation, bénéficiaire ou déficitaire.

Ainsi une entreprise ayant largement recours à l'emprunt supportera systématiquement des charges financières extrêmement lourdes qu'elle peut ne pas pouvoir supporter.

Dans cette hypothèse défavorable, la marge brute d'autofinancement comprimée par les frais financiers, ne permet pas à l'entreprise de s'autofinancer, l'entreprise doit alors emprunter davantage et payer de nouveaux frais financiers. Le cercle vicieux se perpétue ainsi jusqu'à la faillite.

B. L'effet de levier

La notion d'effet de levier est basée sur celle de rentabilité. Il s'agit en l'occurrence de comparer la rentabilité économique de l'entreprise au coût des capitaux empruntés.

Exemple 1 : une entreprise a une rentabilité économique [2] de 20 %. Les banques prêtent à long terme à un taux de 12 %.

L'entreprise a intérêt à emprunter car elle réalise un profit de 8 % sur le montant du capital externe. Elle fait bénéficier ses capitaux propres d'un taux de rendement d'autant plus élevé que le rapport $\frac{\text{Capitaux d'emprunt}}{\text{Capitaux propres}}$ est lui-même élevé.

---

(2) Taux de rentabilité économique : $\frac{\text{résultat net}}{\text{capitaux investis}}$

Exemple 2 : la répartition des capitaux permanents est la suivante :

Capitaux propres	100	Taux de rendement ?
Capitaux d'emprunt	1 000	Taux de rémunération 10 %
Rentabilité économique	20 %	

Les 1 100 francs investis rapportent 20 % × 1 100 = 220.

La rémunération des capitaux d'emprunt est de 10 % × 1 000 = 100.

Une fois rémunérés les capitaux d'emprunt, on constate que les capitaux propres, soit 100 francs, ont engendré un profit de : 220 − 100 = 120.

Le taux de rendement des capitaux propres est donc de 120 %. En fait, les 100 francs investis par les actionnaires ont rapporté normalement 20 % auxquels s'ajoute le surprofit basé sur la différence entre le taux de rentabilité économique et le taux de rémunération des capitaux d'emprunt, soit 20 % − 10 % = 10 %.

Ce dernier taux étant multiplié par le rapport $\frac{\text{capitaux d'emprunt}}{\text{capitaux propres}}$

soit 10 × 10 % = 100 %.

On retrouve donc bien au total :

— Taux de rendement normal des capitaux propres : .... 20 %

— Surprofit = différence de taux × $\frac{CE}{CP}$: .... 100 %

— Taux de rendement des capitaux propres : .... 120 %

On voit bien l'effet multiplicateur induit par une différence de taux et un rapport : $\frac{\text{capitaux d'emprunt}}{\text{capitaux propres}}$ élevé

Inversement, le taux de rendement des capitaux propres sera pénalisé si le taux de rémunération des capitaux empruntés est supérieur au taux de rentabilité de la firme.

Exemple 3 :

Capitaux propres 500

Capitaux d'emprunt 1 000 rémunérés à .... 15 %

Taux de rentabilité économique de la firme .... 10 %

Les capitaux permanents rapportent 1 500 × 10 % = ... 150

La rémunération des capitaux d'emprunt : 1 000 × 15 % = ... 150

Le taux de rendement des capitaux propres est de 0

Ce résultat se décompose comme suit :

— Taux de rendement normal des capitaux propres 500 × 10 % = ... + 50

— Taux de surémunération des capitaux d'emprunt 1 000 × (15 % − 10 %) = ... − 50

— Taux de rendement des capitaux propres 0

Nous reviendrons sur ces notions lors de l'étude de la rentabilité des investissements.

§ 3. — LA POLITIQUE FINANCIÈRE, AUTRES CRITÈRES ET CONTRAINTES

A. Les ressources internes

a) Politique d'autofinancement

L'exploitation courante doit dégager des profits suffisants pour assurer la pérennité de l'entreprise. La partie non distribuée de ces profits viendra s'ajouter au capital financier déjà existant.

L'autofinancement présente des avantages :
— il renforce la structure financière existante ;
— il n'entraîne pas de charges financières, ce qui ne signifie pas qu'il est gratuit ;
— dans la mesure où il est élevé, l'autofinancement facilite l'expansion de l'entreprise ;
— il préserve l'indépendance financière et facilite ainsi la discussion avec les banquiers.

Un juste équilibre doit toutefois être recherché. En effet, l'autofinancement est prélevé sur le bénéfice distribuable. Dans la mesure où cette ponction est systématiquement lourde, les actionnaires ne sauraient être enclins à financer de nouveaux projets.

b) Désinvestissement

La cession d'éléments d'actif tels que des matériels inutilisés, des titres de placement surcotés en bourse peuvent procurer à l'entreprise des ressources non négligeables.

B. Les ressources externes

En cas d'insuffisance des ressources internes, l'entreprise peut avoir recours à des capitaux externes.

a) L'augmentation de capital

Il s'agit là d'une opération particulièrement intéressante d'un point de vue financier pour l'entreprise, les nouveaux actionnaires étant rémunérés selon les résultats dégagés.

Une entreprise décide de construire une nouvelle usine dont elle espère de larges profits. Le prix de revient de l'usine est de trois millions de francs. Elle décide d'augmenter le capital. Elle crée donc 10 000 actions de 100 francs, émises à 300 francs l'une. L'entreprise reçoit donc 3 millions de francs (dans la mesure où les souscriptions le permettent) et peut financer l'achat de son usine. Si pour des raisons techniques et commerciales, l'usine ne permet pas à l'entreprise de dégager les profits attendus, celle-ci ne sera pas pénalisée. Les actionnaires ne bénéficieront d'une distribution de dividendes que dans la mesure où le bénéfice net comptable le permettra.

b) Le financement par les organismes prêteurs

L'entreprise peut avoir recours à un emprunt bancaire à moyen ou long terme pour financer son usine. Par rapport à l'augmentation de capital, l'emprunt a un coût *a priori*. Quelques soient les résultats obtenus, l'entreprise sera tenue de payer des frais financiers (10 à 16 %). Notons toutefois que ces frais sont fiscalement déductibles. De telle sorte que si l'entreprise est fiscalement en bénéfice, le coût de l'emprunt est divisé par deux (impôt sur les sociétés à 50 %). De plus, l'entreprise bénéficie de l'inflation car le remboursement de l'emprunt s'échelonne sur plusieurs années.

c) Le leasing

De la même manière que l'emprunt, le crédit-bail (leasing) permet un décaissement échelonné dans le temps et autorise la déduction fiscale du coût de la location.

d) Le lease back

L'entreprise cède à un organisme de crédit une immobilisation et reçoit donc en trésorerie le prix de cette cession. En revanche, elle est tenue de louer à la société de leasing cette immobilisation qui ne lui appartient plus.

§ 4. — *LES RATIOS DE STRUCTURE FINANCIÈRE*

La Centrale des Bilans définit quatre ratios de structure financière.

1° $\dfrac{\text{Capitaux permanents}}{\text{Valeurs immobilisées nettes}}$

Ce ratio compare la valeur du capital économique au capital financier. Ce ratio doit dans la majorité des cas être supérieur à 1. Dans le cas contraire, le fonds de roulement ne pourrait être financé convenablement. Il convient de se méfier de ce ratio car l'homogénéité entre le numérateur et le dénominateur est faussée par l'érosion monétaire.

2° $\dfrac{\text{Fonds de roulement net}}{\text{Actif circulant (hors trésorerie)}} = \dfrac{\text{Actif circulant} - \text{Passif circulant}}{\text{Actif circulant (hors trésorerie)}}$

Ce ratio met en valeur la part du besoin de fonds de roulement total brut rapporté au fonds de roulement existant. Ce ratio présente toutefois le grand inconvénient de comparer un élément statique (fonds de roulement net) à un élément fluctuant (actif circulant).

3° $\dfrac{\text{Capitaux propres}}{\text{Capitaux permanents}}$

Ce ratio situe l'indépendance financière de l'entreprise. L'homogénéité des termes n'est cependant pas garantie. Il est en fait délicat de comparer le capital social (intégré dans les capitaux propres) lorsque la société a été constituée en 1947 avec un emprunt datant de 1990.

Toutefois, ce ratio doit selon les banquiers être supérieur ou égal à 50 % pour que l'entreprise puisse bénéficier d'un prêt.

4° $\dfrac{\text{Amortissements}}{\text{Immobilisations brutes d'exploitation}}$

L'objectif recherché à travers ce ratio est de mettre en valeur à un moment donné la capacité de renouvellement des immobilisations (amortissement) aux immobilisations productives. La capacité de l'entreprise à financer de nouveaux matériels productifs est d'autant plus élevée que ce ratio est lui-même élevé. L'homogénéité de ces termes est toutefois remise en cause du fait de l'inflation et de la politique d'amortissement.

§ 5. — *LES RATIOS DE FINANCEMENT*

1° $\dfrac{\text{Marge brute d'autofinancement}}{\text{Investissements (année n)}}$

ou

$\dfrac{\text{Marge nette d'autofinancement}}{\text{Investissements (année n)}}$

Ce ratio mesure la part des investissements autofinancés. Un rapprochement entre ce ratio et le calcul de l'effet de levier montrera l'efficacité de la politique de financement de l'entreprise.

Le taux d'investissement $= \dfrac{\text{Investissement année n}}{\text{Valeur ajoutée}}$ détermine plus précisément que le ratio précédent la propension à investir de l'entreprise. Il est alors possible d'apprécier la croissance de l'entreprise à travers sa politique d'investissements.

Le taux de rétention de ressources $= \dfrac{\text{marge brute d'autofinancement}}{\text{valeur ajoutée}}$

présente l'intérêt de situer la rétention des ressources (M.B.A.) par rapport à la richesse créée par l'entreprise. Il convient toutefois de suivre l'évolution du numérateur et du dénominateur avant de conclure sur la valeur de ce ratio.

Nous avons défini les principaux types de ratios. Cette liste ne saurait être exhaustive. Ainsi le gestionnaire peut être amené à définir des ratios propres aux opérations commerciales effectuées par l'entreprise ;

D'une manière générale, cette étude appelle deux remarques importantes :

1) Un ratio n'est pas à lui seul significatif. Le gestionnaire aura donc intérêt à sélectionner un ensemble de ratios. Les conclusions qui en seront issues n'auront de significations qu'à cette seule condition.

2) L'homogénéité des termes d'un ratio est, comme nous l'avons vu, souvent remise en cause ; l'érosion monétaire, l'incidence fiscale sur la comptabilité en sont les facteurs principaux. On ne saurait trop recommander au gestionnaire d'être extrêmement prudent.

Les exemples suivants présentent divers types de ratios à l'aide d'exemples précis issus de cas authentique servant à en illustrer le calcul et l'emploi. Ces cas permettent de décomposer le processus de l'analyse financière.

§ 6. — *LES RETRAITEMENTS*

La comptabilité fournit des informations qui doivent être souvent affinées. La réglementation est telle qu'elle néglige parfois l'aspect économique. L'objet de ce § 6 est de recenser les retraitements et le rectifications qui peuvent être apportés tant aux soldes intermédiaires de gestion ainsi qu'aux grandes masses du bilan.

1° IMMOBILISATIONS

Dans le cadre d'une analyse mesurant les performances économiques de l'entreprise, il paraît opportun de tenir compte du patrimoine économique mis en œuvre pour produire. Ceci explique que les immobilisations acquises en crédit-bail doivent être rajoutées au poste immobilisations. Ce dernier est retenu pour sa valeur brute.

2° RESSOURCES PROPRES

Les ressources propres doivent être pénalisées de non valeurs. On entend par là la valeur nette des charges à répartir, plus particulièrement les frais d'établissement. Il est clair que les ressources affectées au financement des frais d'établissements sont définitivement perdues au même titre que si elles avaient été affectées au financement de charges courantes.

Incidence des retraitements sur les principaux postes

Dossier de gestion	PCG	Retraitements
Immobilisations	= Valeur brute des immobilisations	+ Valeur d'origine des immobilisations acquises en crédit-bail
Ressources propres	= Ressources propres	– Non-valeurs (valeur nette des charges à répartir) + Amortissements et provisions + Part d'annuités de crédit-bail payées correspondant à des amortissements
Dettes financières	= Emprunts + Comptes courants associés	+ Parts d'annuités de crédit-bail à payer correspondant à des amortissements.
Besoins d'exploitation	= Stocks + Créances d'exploitation + Avances et acomptes (fournisseurs)	+ Effets escomptés non échus
Dettes d'exploitation	= Dettes d'exploitation + Avances fournisseurs	
Besoins hors exploitation	= Valeurs immobilières de placement + Créances diverses + Charges constatées d'avance	Les charges constatées d'avance seront, selon leur nature, intégrées à l'exploitation

Dossier de gestion	PCG	Retraitements
Dettes hors exploitation	= Dettes diverses [Dettes fiscales (IS ...) + Dettes sur immobilisations] + Produits constatés d'avance	
Trésorerie - passif	=	+ Crédits d'escompte + Concours bancaires courants (CMCC) + Obligations cautionnées + Affacturage + crédits assimilés
Trésorerie - actif	= Disponibilités	
Capacité d'autofinancement	= Capacité d'autofinancement	+ Part des annuités de crédit-bail correspondant aux amortissements

Incidence des retraitements sur les principaux soldes

Dossier de gestion		PCG	Retraitements
Marge commerciale	=	Marge commerciale	
Valeur ajoutée produite	=	Valeur ajoutée	+ Charges de personnel extérieur + Redevances de crédit-bail
Excédent brut d'exploitation	=	Excédent brut d'exploitation	+ Redevances de crédit-bail
Résultat d'exploitation	=	Résultat d'exploitation	+ Part des annuités de crédit-bail correspondant à des charges financières
Résultat financier	=	Résultat financier	– Part des annuités de crédit-bail correspondant à des charges financières
Résultat courant avant impôt	=	Résultat courant avant impôt	

— Les amortissements et provisions réduisent le résultat sans engendrer de dépenses (en principe). On peut donc les rattacher aux ressources propres.

— La part d'annuités de crédit-bail correspondant à des amortissements sont assimilables à des amortissements et à ce titre sont rattachables aux ressources propres.

3° Dettes financières

Les parts d'annuités de crédit-bail sont des dettes financières car elles représentent le financement des immobilisations acquises selon ce procédé. Comptablement classées dans les dettes à court terme, une analyse financière précise impose de les remonter dans le poste dettes financières.

4° Besoins d'exploitation

Ce besoin correspond au besoin en fonds de roulement statique engendré par l'exploitation courante. Outre les stocks, les créances d'exploitation et les avances fournisseurs, on doit ajouter les effets à recevoir escomptés et non échus.

Comptablement, ces effets apparaissent hors bilan et dans la trésorerie (puisqu'on les a négociés en banque). L'escompte représente un moyen de financement, le besoin engendré par ses effets n'en demeurant pas moins une réalité économique.

5° Trésorerie passif

Le Crédit d'escompte et les obligations cautionnées sont assimilables au découvert bancaire (concours bancaires courants). Les obligations cautionnées qui autorisent un délai de règlement de la T.V.A. sont un financement à court terme. Il en va de même pour l'affacturage et les moyens de crédits assimilés, notamment ceux qui prévoient la vente à un établissement financier des factures clients (Loi *Dailly*).

6° CAPACITÉ D'AUTOFINANCEMENT (C.A.F.)

La part des annuités de crédit-bail correspondant à l'amortissement du matériel doit être ajoutée à la C.A.F. On obtient ainsi un C.A.F. théorique qui situe les possibilités économiques de l'entreprise.

Les soldes intermédiaires de gestion peuvent également subir des retraitements.

7° VALEUR AJOUTÉE

On ne réduit pas la valeur ajoutée des charges de personnel extérieur (intérim) car ces frais sont rattachés à juste titre à des frais de personnel et font partie du capital humain de l'entreprise. Le même raisonnement est appliqué aux redevances de crédit-bail qui représentent le capital économique de l'entreprise.

8° EXCÉDENT BRUT D'EXPLOITATION

Les redevances de crédit-bail représentant le capital économique sont rattachées à celui-ci.

9° RÉSULTAT D'EXPLOITATION

On ne pénalise pas le résultat d'exploitation des charges financières correspondant au financement des annuités de crédit-bail. Cette quote part est assimilée aux charges financières et classée comme telle.

10° RÉSULTAT FINANCIER (PRODUITS FINANCIERS – CHARGES FINANCIÈRES)

En conséquence de ce qui précède, la part des annuités de crédit-bail correspondant à des charges financières réduira le profit financier (ou aggravera la perte financière).

§ 7. — *L'ANALYSE DISCRIMINANTE*

Elle consiste en l'établissement d'un indice résultant de l'agrégat pondéré de plusieurs ratios. Toutes les combinaisons sont possibles.

1° EXEMPLE D'UNE FONCTION DISCRIMINANTE DÉFINISSANT LE DEGRÉ DE DÉSÉQUILIBRE FINANCIER D'UNE ENTREPRISE

Trois ratios serviront de base à l'établissement de la fonction Z1 :

$$Z_1 = \left(\frac{\text{frais financiers}}{\text{chiffre d'affaire}} \times P_1\right) + \left(\frac{\text{effets escomptés}}{\text{créances clients}} \times P_2\right) + \left(\frac{\text{découvert bancaire moyen}}{\text{total bilan}} \times P_3\right)$$

P1, P2 et P3 sont des pondérations fixées arbitrairement par l'analyste financier.

Plus Z1 est élevé, plus le déséquilibre financier est fort et les risques de faillite augmentent alors en conséquence.

En réalité, une fonction telle que Z1 est en elle-même insuffisante car elle ne se réfère à aucun critère de base.

Plusieurs fonctions discriminantes ont donc été établies en sélectionnant des ratios et des pondérations dans des entreprises saines ou défaillantes.

L'objectif des fonctions discriminantes élaborées en France était de mettre en évidence le degré de défaillance des entreprises.

L'étude des fonctions discriminantes appelle au préalable les remarques suivantes :

— L'établissement d'une fonction discriminante ne saurait se substituer à une analyse financière exhaustive par la méthode des ratios (par exemple). La fonction discriminante complète l'information financière.

— Le calcul de la fonction discriminante est simple ; c'est en outre une référence facile à utiliser et à mémoriser.

— La fonction discriminante est un critère arbitraire dans le sens où sa base (ratios et pondérations) est elle-même arbitraire. Le jugement qui en résulte doit en conséquence être considéré comme aléatoire. C'est la raison pour laquelle des probabilités seront affectées à la défaillance éventuelle de l'entreprise.

Il existe en France trois fonctions discriminantes. Nous limiterons notre analyse à la fonction discriminante élaborée par la Banque de France (Centrale des bilans) car les informations dont bénéficie cet organisme sont régulières, abondantes et larges. Ainsi les probabilités de défaillance résultent d'un calcul récent, plus proche de la réalité, donc plus fiable.

2° CARACTÉRISTIQUES DE LA FONCTION DISCRIMINANTE DE LA BANQUE DE FRANCE

Les entreprises concernées sont les entreprises industrielles (P.M.I. et grandes entreprises).

La période d'observation a porté sur six ans.

Des tests ont été effectués sur des entreprises autres que l'échantillon qui avait servi de base à l'élaboration de la fonction. Le nombre d'entreprises testées était proche de 1 500 et le pourcentage de classement correct d'entreprises défaillantes, trois ans avant la défaillance, était de 75 %. En d'autres termes, dans 75 % des cas, la prévision de défaillance s'était réalisée. Cela ne signifie pas que les 25 % restant représentait le taux d'erreur. Toute entreprise en difficulté peut en principe se redresser.

La fonction « Banque de France » s'écrit :

$$100\ Z = 1{,}255\ R_1 + 2\,003\ R_2 - 0{,}824\ R_3 + 5{,}221\ R_4 - 0{,}689\ R_5 - 1{,}164\ R_6 + 0{,}706\ R_7 + 1{,}408\ R_8 - 85{,}544.$$

avec

$$R_1 = \frac{\text{Frais financiers}}{\text{Résultat économique brut}} \%$$

$$R_2 = \frac{\text{Ressources stables}}{\text{Capitaux investis}} \%$$

$$R_3 = \frac{\text{Capacité d'autofinancement}}{\text{Endettement}} \%$$

$$R_4 = \frac{\text{Résultat économique brut}}{\text{Chiffre d'affaires HT}} \%$$

$$R_5 = \frac{\text{Dettes commerciales}}{\text{Achats TTC}} \times 360 \text{ jours}$$

$$R_6 = \text{Taux de variation de la valeur ajoutée} \%$$

$$R_7 = \frac{\text{Stocks de travaux en cours} - \text{Avances clients} + \text{Créances d'exploitation}}{\text{Production}} \times 360 \text{ jours}$$

$$R_8 = \frac{\text{Investissements physiques}}{\text{Valeur ajoutée}} \%$$

Les agrégats utilisés dans le calcul des ratios de cette fonction sont définis comme suit :

Achats HT :

Achats de manières et marchandises, y compris achats de sous-traitance

Besoins en Fonds de Roulement Exploitation (BFRE) :

Stocks
\+ Créances d'exploitation
  \+ Créances commerciales (nourries ou mobilisées)
  \+ Avances fournisseurs + Avances personnel
  \+ Etat (sauf IS)
  \+ Régularisation actif
  − Dettes d'exploitation
  \+ Fournisseurs et effets à payer (exploitation)
  \+ Avances clients + Etat (sauf IS)
  \+ Obligations cautionnées + Emballages + Organismes sociaux
  \+ Régularisation passif

Capitaux investis :

Valeurs immobilisées brutes
\+ BFR Exploitation

Concours bancaires de trésorerie (à + ou − 1 an) :

Mobilisation de créances commerciales bilan et hors bilan (escompte, CMCC, mobilisation de créances nées à l'étranger)
\+ Découverts

Créances commerciales (à + ou − 1 an) :
Clients (exploitation)
\+ Effets à recevoir
\+ Créances commerciales hors bilan (escompte, CMCC, mobilisation de créances nées à l'étranger)

Dettes commerciales (à + ou − 1 an) :
Fournisseurs (exploitation)
\+ Effets à payer (exploitation)

Emprunts (à + ou − 1 an) :
Emprunts bancaires (construction, équipement...)
\+ Obligations
\+ Crédit-bail
\+ Autres emprunts (État, SDR, sociétés liées, fonds de participation...)

Endettement :
Comptes d'associés (à + ou − 1 an)
\+ Emprunts
\+ Concours bancaires de trésorerie

Investissements physiques :
Immobilisations acquises

Production (hors taxes) :
CA HT
± Variation stocks produits finis et semi-ouvrés
\+ Travaux faits par l'entreprise pour elle-même
\+ Subventions d'exploitation

Ressources propres :
Fonds propres (capital + réserves + résultat + subventions d'équipement + provisions spéciales en franchise d'impôts)
\+ Amortissements
\+ Provisions d'actif
\+ Provisions pour risques et charges

Ressources stables :
Ressources propres
\+ Comptes d'associés (à + ou − 1 an)
\+ Emprunts

Résultat Économique Brut (REB) :
Valeur ajoutée
— Charges de personnel (dont intérimaire)

Valeur ajoutée (VA) :
Production
\+ Variation stocks approvisionnements
— Achats de marchandises et de sous-traitance
— Autres biens et services consommés
(à l'exclusion des annuités de crédit-bail et des dépenses de personnel extérieur)
— Impôts et taxes

Valeurs immobilisées (en valeur brute) :
Immobilisations d'exploitation
\+ Titres de participation
\+ Autres actifs hors exploitation

Pouvoir prédictif de la fonction

Score Z	Probabilité d'être une entreprise en difficulté
$z \leqslant -1{,}875$	100,0
$-1{,}875 < z \leqslant -0{,}875$	95,6
$-0{,}875 < z \leqslant -0{,}250$	73,8
$-0{,}250 < z \leqslant +0{,}125$	46,9 zone d'incertitude
$+0{,}125 < z \leqslant +0{,}625$	33,4
$+0{,}625 < z \leqslant +1{,}250$	17,7
$z > +1{,}250$	9,5

Ratios particuliers

Indépendamment des ratios analysant la gestion, l'entrepreneur peut avoir besoin de renseignements chiffrés particuliers.

Nous citerons notamment :

I. — Commerce de détail

— panier moyen $= \dfrac{\text{Chiffre d'affaires journalier}}{\text{Nombre de clients}}$

Ce ratio mesure l'achat moyen par client et autorise un rapprochement entre l'effort et son rendement.

— fréquence des clients.

Nombre de clients, heure par heure, selon les jours. Ce calcul permettra de mieux situer les heures de pointe.

— classement des produits consommés.

A titre d'illustration les dix articles les plus consommés seront définis ; cette étude aboutira à une meilleure gestion des stocks.

On remarquera par exemple que, traditionnellement, 80 % des ventes est représenté par 10 % des articles proposés à la clientèle.

— temps moyen par client.

Cette information reliée au taux de fréquence horaire des clients doit aboutir à une meilleure gestion de personnel.

II. — Entreprise de service

— $\dfrac{\text{Temps passé par client}}{\text{Chiffre d'affaires moyen}}$

Ce ratio peut être rapproché du coût horaire du personnel productif.

$$— \frac{\text{Temps facturable}}{\text{Temps payé}}$$

Ce ratio doit aboutir à une gestion du personnel plus stricte et plus rentable.

Une analyse approfondie de la faiblesse de ce ratio risque de mettre en évidence de graves lacunes dans l'organisation interne de l'entreprise (mauvaise surveillance du personnel, perte de temps dans les transports).

— Les procédures d'intéressement du personnel doivent elles aussi être minutieusement adaptées à la situation.

$$\text{Taux de rotation du personnel} = \frac{\text{Effectif entré et sorti au cours de l'exercice}}{\text{Effectif moyen}}$$

III. — Entreprise industrielle

Les faillites des entreprises industrielles trouvent leurs raisons dans les faits suivants :

— mauvaise organisation,
— prix de revient et coûts mal cernés,
— chute du marché.

Un suivi attentif et un souci d'amélioration constante doivent donc guider leur gestion.

LES SOLDES INTERMÉDIAIRES DE GESTION 2

L'ancien plan comptable prévoyait, à la clôture de l'exercice, le calcul de deux résultats : le résultat d'exploitation et le résultat net comptable. Les lecteurs ne disposaient donc que d'une information limitée.

Le plan comptable 1981, de par le découpage du compte de résultat, va permettre de dégager simplement une batterie de résultats dénommés « les soldes intermédiaires de gestion ». Ces derniers autoriseront une meilleure compréhension de la situation économique de l'entreprise.

Nous allons maintenant examiner leurs modalités de calcul, les problèmes que soulève leur interprétation, ainsi que leur utilité dans le cadre de l'analyse financière. Nous rappelons préalablement que la T.V.A. est exclue de tous les calculs qui suivent.

I. — Marge commerciale

Très souvent dénommée « marge brute », la marge commerciale concerne exclusivement les entreprises commerciales ou les entreprises ayant, entre autres, une activité commerciale. On entend par activité commerciale, l'achat et la revente de marchandises en l'état, c'est-à-dire sans transformation.

La marge commerciale se calcule à partir du compte de résultat.

Elle est égale à la différence :

ventes de marchandises — coût d'achat des marchandises vendues.

Le coût d'achat des marchandises vendues est obtenu en additionnant les éléments suivants :

+ Achats de marchandises
+ Frais d'achat de marchandises

— Stock final de marchandises
+ Stock initial de marchandises
} (La variation du stock de marchandises apparaît au débit du compte de résultat).

— Remises, rabais, ristournes reçus sur achats de marchandises.

Nota : Les subventions d'exploitation reçues par l'entreprise ne sont pas prises en compte à ce niveau.

La marge commerciale est un indicateur très important pour les entreprises commerciales. Lorsque une entreprise vend une multitude d'articles, le taux de marge, par article, peut être différent. Une baisse de la marge commerciale doit, dans ce cas, donner lieu à une analyse plus poussée au niveau des articles dont le taux de marge est différent.

II. — Production de l'exercice

Elle ne s'applique qu'aux entreprises industrielles, c'est-à-dire aux entreprises fabriquant des produits ou rendant des services.

Le calcul de la production est obtenu en additionnant les éléments suivants :

Production vendue	+ Ventes de produits + travaux + Etudes + Prestations de services + Produits des activités annexes – Remises, rabais, ristournes accordées par l'entreprise (en moins)
± Variation de la production stockée	+ Stock final des produits en cours – Stock initial des produits en cours + Stock final de production de services – Stock initial de production de services + Stock final de produits finis – Stock initial de produits finis ***On remarque que le stock initial est retranché ; ceci est logique puisqu'il correspond à la production de l'exercice antérieur.***
+ Production immobilisée	+ Immobilisations incorporelles + Immobilisations corporelles
+ Produits nets partiels sur opérations à long terme	

Il s'agit d'opérations dégageant des profits sur plusieurs exercices, donnant lieu à un rattachement annuel au bénéfice.

On remarquera que les produits ne sont pas évalués de la même façon. La production vendue est évaluée au prix de vente, tandis que la production stockée l'est au coût total. Les subventions reçues sont exclues du calcul car elles ne relèvent pas de la production propre de l'entreprise mais d'une ressource extérieure.

Le calcul de la production permet d'évaluer la performance économique annuelle de l'entreprise. Il s'agit là d'un critère très important que nous examinerons dans le chapitre portant sur l'analyse financière et l'étude des ratios.

III. — Consommation de l'exercice

Elle représente non seulement la consommation de matières premières et consommables, mais également celle relative aux frais généraux courants.

L'évolution de la valeur de la consommation doit être suivie avec le plus grand soin ; elle situe en effet le besoin de consommation externe de l'entreprise.

+ Achats consommés *(Le compte de résultat fournit à son débit la variation des stocks de matières premières et consommables)*	Achats de matières premières et autres approvisionnements Achats de matières consommables (non stockées) RRR obtenues sur ces achats (en moins) + Stock initial de matières premières et Autres approvisionnements — Stock final de matières premières et Autres approvisionnements
+ Consommation de frais généraux	+ Frais d'achats sur achats de matières premières + Autres charges externes

IV. — Valeur ajoutée

En désignant l'entreprise comme l'agrégat du capital économique (K) et du travail (L), la valeur ajoutée représente la survaleur que K + L donnent à la consommation externe lorsqu'elle la transforme en production. On peut graphiquement le représenter comme suit :

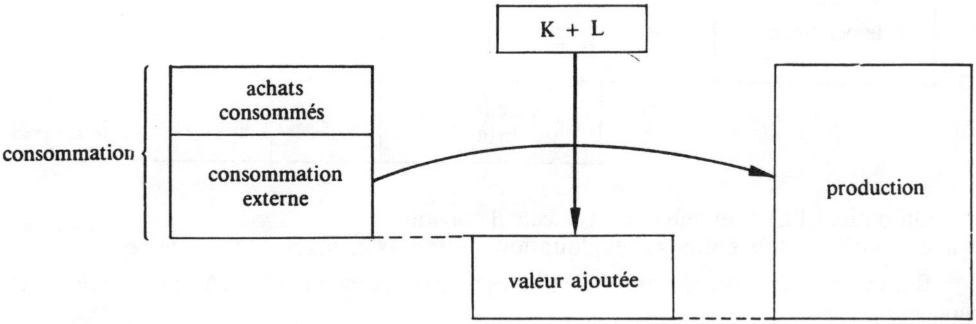

On l'obtient en effectuant le calcul suivant :
marge commerciale + production — consommation.

La valeur ajoutée est un des instruments de mesure les plus importants de la performance économique annuelle de l'entreprise.

Elle mesure la dimension économique de l'entreprise. Son évolution met en évidence l'expansion ou la récession de l'entreprise. Elle situe l'efficacité de la combinaison du facteur travail et du facteur capital à produire. La valeur ajoutée définit ainsi la richesse créée par l'entreprise.

Son calcul soulève cependant certaines difficultés au niveau de la consommation externe des services. Les charges de crédit-bail doivent être exclues de la consommation, car elles correspondent au coût du capital économique (K). Les charges de personnel intérimaire sont également retraitées car elles correspondent au coût d'une partie du personnel, c'est-à-dire du travail (L).

La valeur ajoutée représentant la richesse créée par K + L, le coût de ces facteurs doit en être exclu. Le but du calcul étant de mettre en évidence l'apport de K + L et non pas son coût. Ainsi, les modalités de financement du capital économique et du travail ne doivent pas avoir d'incidence sur le calcul de la valeur ajoutée.

V. — Excédent brut d'exploitation (EBE)

L'EBE représente la valeur ajoutée du capital économique : le facteur L perd sa position de facteur afin de se transformer en coût. Le graphique suivant illustrera cette idée.

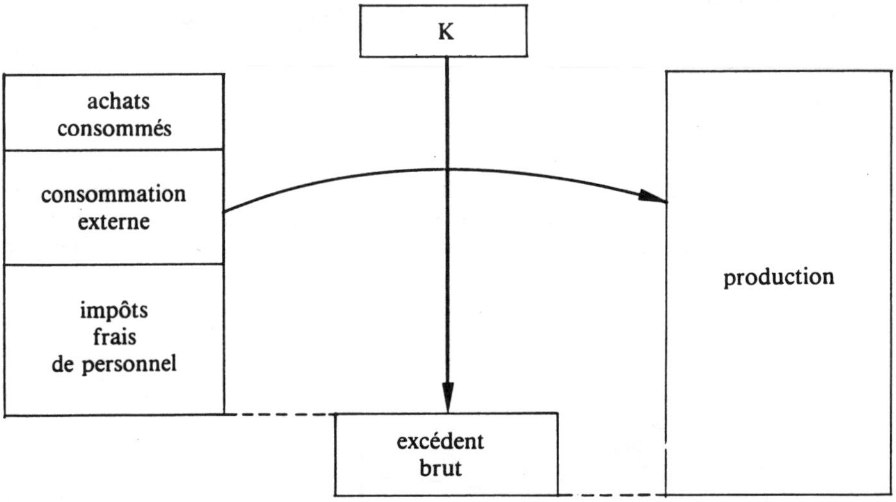

On obtient l'EBE en effectuant le calcul suivant :
valeur ajoutée + subventions d'exploitation — impôts et taxes — frais de personnel.

Rappelons que le poste « Impôts et taxes » ne concerne ni la T.V.A., ni l'impôt sur les bénéfices.

Selon le même principe que celui évoqué ci-dessus dans le cadre du calcul de la valeur ajoutée, les frais de personnel intérimaire doivent être ajoutés aux frais de personnel s'ils ont été retranchés de la consommation. Enfin, les subventions d'exploitation doivent être intégrées au calcul de l'EBE.

Si ce solde est négatif, on parlera d'insuffisance brute d'exploitation.

L'excédent brut d'exploitation mesure l'efficacité économique du capital (investissements). Il met en évidence une marge qui n'est influencée ni par la politique d'amortissement, ni par la situation financière de l'entreprise.

VI. — Résultat d'exploitation

Il s'agit du total des produits d'exploitation diminué du total des charges d'exploitation.

Le calcul peut être effectué de deux façons.

a) EBE + autres produits d'exploitation — autres charges d'exploitation — dotations aux amortissements et aux provisions d'exploitation.

b) Produits d'exploitation — charges d'exploitation.

La seule difficulté d'application pratique de détermination de ce solde réside dans le fait qu'il suppose un classement sans ambiguïté des charges et des produits, qu'ils soient d'exploitation, financiers ou exceptionnels. Le problème se pose principalement pour les amortissements économiques.

Les annuités de crédit-bail seront reprises à ce stade si elles ont été retraitées de la consommation.

Le résultat d'exploitation est la première mesure de la rentabilité économique de l'entreprise. Cette rentabilité est purifiée de tout aspect financier ou exceptionnel.

VII. — Résultat courant avant impôt

Ce résultat intègre les conséquences de la politique et de la structure financière de l'entreprise.

Résultat courant avant impôt = Résultat d'exploitation + quote-part de résultat sur opérations faites en commun + produits financiers — charges financières.

La quote-part de résultat sur opérations faites en commun concerne les opérations faites à plusieurs. Exemple : trois sociétés ayant une activité identique décident de monter un GIE [1] afin de diffuser un produit. Les bénéfices du GIE seront partagés entre les trois participants à la clôture de chaque exercice.

Le compte de résultat fournit tous les produits et charges ayant une nature financière. Une certaine ambiguïté demeure en raison de l'absence d'une distinction stricte entre le financier et l'exceptionnel.

Le résultat courant avant impôt permet de mesurer la rentabilité de l'entreprise en intégrant les problèmes financiers. Cette distinction n'était pas possible avec l'ancien plan comptable.

VIII. — Résultat exceptionnel

Il s'agit là du seul solde intermédiaire de gestion qui n'est pas issu d'un solde précédent.

Son calcul est simple :

Produits exceptionnels — charges exceptionnelles.

Les produits sur cession de titre de participation (plus-values) sont considérés comme exceptionnels.

Il permet de mettre en évidence un bénéfice séparé de l'exploitation courante. Il s'agit là d'une information importante pour les actionnaires.

---

(1) GIE : Groupement d'intérêt économique.

IX. — Résultat à répartir

Le plan comptable ne précise pas cette notion ; pourtant si nous additionnons le résultat courant avant impôt et le résultat exceptionnel, nous obtenons un résultat global qui va se répartir entre les trois grands participants à la vie de l'entreprise :

a) l'état, par le biais de l'impôt sur les sociétés (40 % du bénéfice imposable),

b) les salariés, par le biais de la participation aux fruits de l'expansion,

c) les actionnaires, avec le résultat net comptable dont le calcul est le suivant :

Résultat net comptable = Résultat courant avant impôt + résultat exceptionnel — impôt sur les bénéfices — participation des employés aux fruits de l'expansion, ou bien, plus simplement :

Résultat net comptable = Total de l'actif — total du passif ;

ou bien encore :

Résultat net comptable = Total des produits — total des charges.

X. — Résultat sur cession d'éléments d'actif

Ce solde accessoire permet de déterminer les plus ou moins values réalisées lors de la cession d'une immobilisation.

Rappelons le principe de calcul d'une plus-value. Soit une immobilisation

ayant une valeur brute (à l'origine) de	F 1 000
amortie pour un montant de	F 600
valeur nette comptable	F 400
cédée	F 500
plus-value	F 100

Le compte de résultat fera apparaître 400 F à son débit et 500 F à son crédit. La plus-value (100 F) n'apparaît pas directement (comme c'était le cas dans l'ancien plan comptable).

XI. — Capacité d'autofinancement de l'entreprise (C.A.F.)

Ce solde exprime l'aptitude de l'entreprise à financer ses investissements, son cycle d'exploitation ainsi que la rémunération versée aux apporteurs de capitaux (distribution de dividendes). La C.A.F. est ainsi calculée avant distribution de dividendes et est assimilable à la marge brute d'autofinancement que nous examinerons plus loin.

a) Méthode soustractive

Excédent brut d'exploitation (ou insuffisance brute d'exploitation).
\+ Transferts de charges (d'exploitation).
\+ Autres produits (d'exploitation).
− Autres charges (d'exploitation).

± Quotes-parts de résultat sur opérations faites en commun.
\+ Produits financiers.
− Charges financières.
\+ Produits exceptionnels.
− Charges exceptionnelles.
− Participation des salariés aux fruits de l'expansion.
— Impôt sur les bénéfices.

b) Méthode additive

Résultat net comptable.
\+ Dotations aux charges calculées.
− Reprises sur charges calculées et transferts de charges.
− Subventions d'investissements virées au résultat.
− Profit sur cession d'éléments d'actif inclus dans le résultat.

Cette deuxième méthode de calcul est plus simple et appelle les remarques suivantes :

— les dotations aux charges calculées représentent toutes les dotations aux amortissements et aux provisions ;

— les reprises sur charges calculées représentent les reprises de provisions (passées au crédit du compte de résultat, en raison de leur annulation), ainsi que les reprises sur amortissements dérogatoires (également passées au crédit du compte de résultat) ;

— les subventions d'investissements s'amortissent au même rythme que les immobilisations qu'elles financent. Il s'agit là d'un amortissement négatif (passé au crédit du compte de résultat), qui a pour but de neutraliser l'amortissement de l'investissement financé par la subvention (passé au débit du compte de résultat) ;

— les profits sur cession d'éléments actifs sont pris négativement lorsqu'il y a une plus-value et positivement lorsqu'il y a une moins-value.

Ce retraitement a pour but de « purifier » la capacité d'autofinancement d'opération de cession d'immobilisations considérées comme exceptionnelles et figurant à ce titre dans une rubrique spéciale du tableau de financement (cession d'immobilisations) que nous verrons plus loin.

La totalité des dotations aux provisions est retenue nette des reprises.

On ne se préoccupe plus, contrairement aux principes économiques, de savoir si les provisions ont un caractère de réserves ou un caractère de charges décaissables.

Nous allons maintenant examiner une notion voisine, très légèrement différente de la capacité d'autofinancement ; il s'agit de la marge brute d'autofinancement.

XII. — Marge brute d'autofinancement (M.B.A.)

Son calcul est très proche de celui de la capacité d'autofinancement de l'exercice.

Par la méthode additive (2), on obtient :

Résultat net comptable

(2) Il est possible de la calculer par la méthode soustrative.

+ Dotations aux amortissements
+ Dotations aux provisions à caractère de réserve
− Reprise sur provisions

= Marge brute d'autofinancement
− Distribution de dividendes
= Marge nette d'autofinancement

La M.B.A. est souvent appelée (à tort) « cash-flow ».

Le cash-flow est un concept économique fondé sur la notion d'encaissement et de décaissement. Nous examinerons cette notion dans le chapitre portant sur la rentabilité des investissements.

Une autre approche consiste à dire que la marge brute d'autofinancement est égale à la différence entre les produits encaissés et encaissables moins les charges décaissées ou décaissables.

La notion de M.B.A. diffère de celle de capacité d'autofinancement sur les points suivants :

— Dans le calcul de la M.B.A., seules sont prises en compte les dotations aux provisions ayant un caractère de réserves. On entend par là, les provisions couvrant un risque dont la probabilité de réalisation est inférieure à 50 %. Les entreprises passent parfois ce type de provision pour soustraire la dotation du bénéfice distribuable aux actionnaires. L'argent reste ainsi dans l'entreprise et échappe à l'avidité des actionnaires et du fisc. Ce type de provision est assimilable à une mise en réserve et augmente d'autant la marge brute d'autofinancement.

— Les plus-values sont incluses dans la M.B.A. Cette dernière notion est donc plus large que celle de capacité d'autofinancement. Il est clair, économiquement, qu'une plus-value se traduit par une ressource financière supplémentaire. Le plan comptable l'exclut à ce niveau afin de la faire apparaître dans le tableau de financement sous la rubrique « Ressources sur cession d'immobilisations ». La différence avec la C.A.F. n'est donc, à ce stade, qu'une question de présentation.

LE FONDS DE ROULEMENT NET ET LE FONDS DE ROULEMENT NORMATIF 3

I. — Principes de base

Le cycle d'exploitation engendre très souvent un besoin de financement. D'une manière plus générale, toute activité économique engendre un besoin de financement. Ce besoin est dénommé besoin en fonds de roulement. Dans un souci de simplification, on calcule en général le besoin en fonds de roulement moyen appelé *fonds de roulement normatif*.

En contrepartie de ce besoin, l'individu ou l'entreprise dispose de moyens permanents disponibles pour financer le cycle d'exploitation. Ces derniers sont désignés sous le vocable *fonds de roulement net*.

Nous allons, à travers un exemple simple, essayer de décrire ces phénomènes.

Supposons qu'un professeur, enseignant à Paris, soit en disponibilité et trouve une place de professeur dans une école de commerce à Lille. Le contrat qui lui est proposé est le suivant : rémunération mensuelle 10 000 F ; le salaire sera réglé en bloc à la fin du trimestre. Les dépenses mensuelles de notre sujet s'élèvent à 10 000 F par mois.

La place est donc acceptable au niveau de la rentabilité. En revanche le règlement tardif des salaires va déclencher un besoin de financement. Ce besoin de financement, dénommé fonds de roulement normatif, s'élève à 3 × 10 000 soit 30 000 F. Afin de passer le premier trimestre dans des conditions normales, notre enseignant a besoin à l'origine de 30 000 F. A la fin du premier trimestre, il aura dépensé ces 30 000 F et encaissera la même somme au début du second trimestre. Cela lui permettra de continuer ainsi.

Ce raisonnement appelle les remarques suivantes :

— Le fonds de roulement normatif est permanent. Le besoin de financement sera de 30 000 F d'une façon constante. En d'autres termes, une somme inférieure à 30 000 F ne permettrait pas de passer convenablement le premier trimestre.

— Le fonds de roulement normatif est fonction du chiffre d'affaires et non des dépenses de l'individu. Cela signifie que si les dépenses mensuelles de notre sujet s'élèvent à 8 000 F/mois, l'écart de 2 000 F vient consolider le fonds de roulement net mais ne vient pas diminuer le fonds de roulement normatif.

— Le fonds de roulement normatif est indépendant du fonds de roulement net.

Notre individu possède cependant un fonds de roulement net. Ce dernier représente la part des capitaux qui ne sont pas affectés à des investissements. On le calcule en effectuant la différence entre les capitaux permanents et les immobilisations nettes.

Calculons le fonds de roulement net du professeur.

Capitaux propres (économies placées à la Banque)	40 000 F
Emprunt auprès de la Banque (à long terme)	10 000 F
Capitaux permanents	50 000 F
Investissements	0
Fonds de roulement net	50 000 F

Remarquons que les investissements sont nuls. Ceci est logique puisque l'activité d'enseignant ne nécessite aucun investissement tangible (tel qu'une machine-outil, un ordinateur, des locaux commerciaux, etc.).

Nous constatons ainsi que, disposant de 50 000 F et devant faire face à des besoins de 30 000 F par trimestre, notre sujet peut accepter l'offre qui lui est faite.

Lorsque le fonds de roulement net est supérieur au fonds de roulement normatif, on dira que la situation est financièrement suréquilibrée. La différence (de 20 000 F dans notre exemple) permettra, par exemple, au professeur d'acheter une voiture pour 20 000 F maximum. Dans ce cas, son fonds de roulement net chutera à 30 000 F.

Selon cette seconde hypothèse, on dira que l'équilibre financier est néanmoins préservé.

Enfin si nous supposons désormais que les économies de notre sujet sont nulles, le fonds de roulement net ne sera que de 10 000 F.

Cette fois-ci, le fonds de roulement net (10 000 F) est inférieur au fonds de roulement normatif (30 000 F) et nous sommes dans une situation de déséquilibre financier. Il est clair, dans ces conditions, que seul le premier mois se passera normalement. Dès le début du second mois le manque d'argent se fera sentir.

Notre sujet disposera de deux solutions : soit diminuer son fonds de roulement normatif en demandant par exemple des délais de règlement auprès de ses fournisseurs, soit augmenter son fonds de roulement net en diminuant ses dépenses.

Selon ce dernier choix, supposons que notre individu réussisse à diviser ses dépenses mensuelles par trois pendant le premier trimestre. On conçoit désormais que les 10 000 F d'économies vont suffire à boucler la boucle. Le fonds de roulement normatif est toujours de 30 000 F ; par contre le bénéfice de 6 666 F, réalisé chaque mois, se traduira à la fin du trimestre par un bénéfice de 20 000 F qui viendra consolider le fonds de roulement net de 10 000 F et le portera à 30 000 F, somme désormais égale au fonds de roulement normatif.

Pour l'entreprise, le problème d'équilibre financier sera, sur le fonds, identique.

Nous donnerons donc les définitions suivantes :

Le fonds de roulement normatif représente le besoin de financement déclenché par le cycle d'exploitation. Le besoin de financement n'est pas le besoin d'argent.

Le fonds de roulement net représente l'aptitude de l'entreprise à financer son cycle d'exploitation par des capitaux permanents, c'est-à-dire par des capitaux stables.

Un exemple simple illustrera les modalités de calcul du fonds de roulement normatif dans le cadre d'une entreprise.

Exemple : Le stock moyen nécessaire au bon fonctionnement de l'entreprise A est de 100 000 F.

Le chiffre d'affaires mensuel s'élève à 200 000 F, les charges d'achats et de frais généraux mensuelles s'élèvent à 160 000 F. Les clients règlent 30 % comptant et 70 % à un mois. Les fournisseurs sont réglés 20 % au comptant, 30 % à un mois et 50 % à deux mois. Toutes les autres charges sont réglées au comptant.

Le tableau de calcul du fonds de roulement normatif se présente comme suit (il est fait abstraction de la T.V.A.) :

	Eléments positifs	Eléments négatifs
Stocks	100 000	
Clients-ventes		
200 000 × 30 % × 0 (mois)	0	
200 000 × 70 % × 1 (mois)	140 000	
Charges fournisseurs		
160 000 × 20 % × 0 (mois)		0
160 000 × 30 % × 1 (mois)		48 000
160 000 × 50 % × 2 (mois)		160 000
Total	240 000 – 208 000	208 000
Fonds de roulement normatif	32 000	

Le fonds de roulement normatif s'élève à 32 000 F.

Le problème est désormais de savoir si le fonds de roulement net est suffisant pour couvrir le fonds de roulement normatif.

Le schéma d'équilibre financier évoqué précédemment peut alors se présenter comme suit :

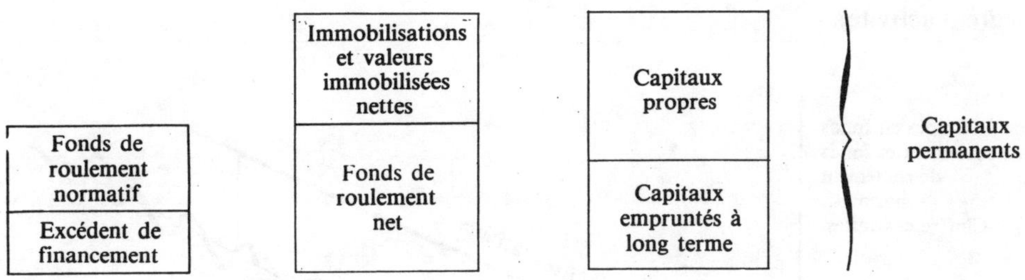

Cette présentation permet d'exprimer la règle de l'équilibre financier par l'inéquation suivante :

Fonds de roulement net ⩾ Fonds de roulement normatif.

On constate que l'écart favorable « fonds de roulement net – fonds de roulement normatif » met également en évidence l'excédent de financement.

Besoin en fonds de roulement et fonds de roulement normatif

Il convient de distinguer les deux concepts.

Si nous représentons graphiquement ces deux notions, nous obtenons pour une entreprise dont l'activité est régulière au cours de l'exercice :

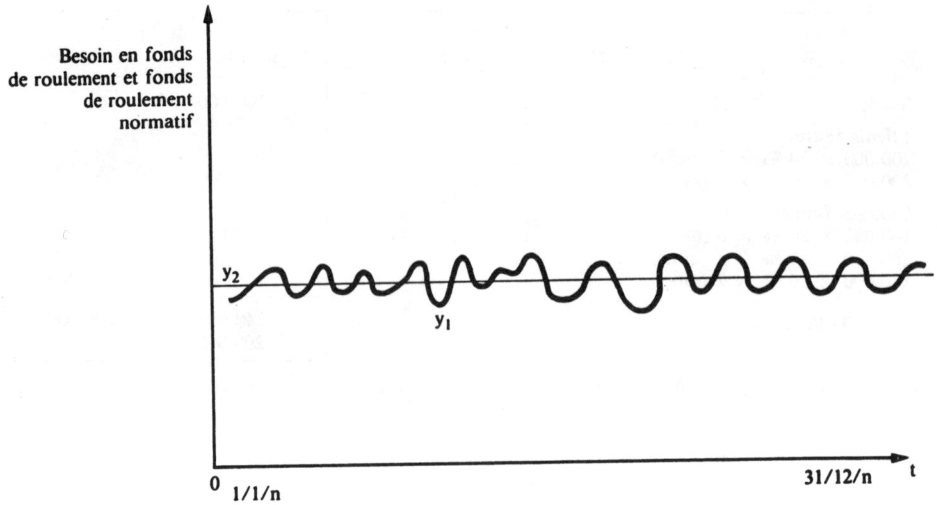

La courbe y_1, à forme sinusoïdale, représente le besoin en fonds de roulement. La droite y_2 représente le fonds de roulement normatif. Autrement exprimé le fonds de roulement normatif est le trend statistique du besoin en fonds de roulement. C'est la raison pour laquelle on parle de norme. Si l'activité de l'entreprise croît au cours de la période nous obtenons le graphique suivant en intégrant cette fois le chiffre d'affaires (définissant le degré d'activité).

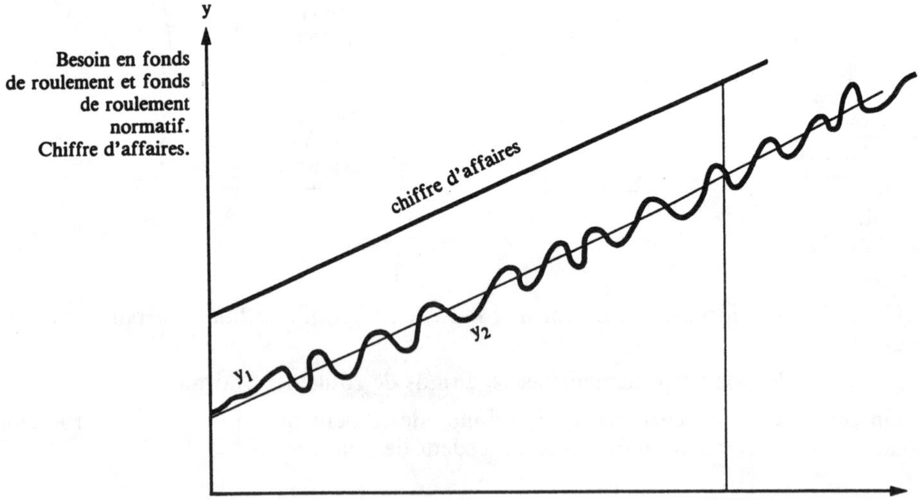

Nous voyons que la courbe sinusoïdale du besoin en fonds de roulement augmente régulièrement avec le chiffre d'affaires. Le fonds de roulement normatif suit évidemment cette hausse.

Enfin, si l'entreprise a une tendance saisonnière le graphique se présente comme suit :

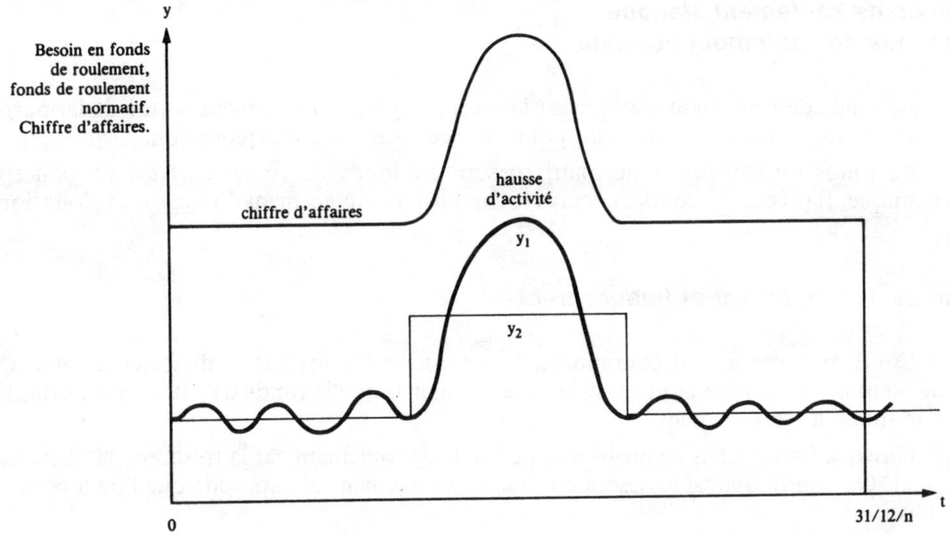

Exemple 1. — Le fonds de roulement normatif est de 10 000 F. Sa détermination résulte d'un calcul rapidement examiné au début de ce chapitre.

Les capitaux permanents sont de 30 000 F et les valeurs immobilisées nettes s'élèvent à 20 000 F. Le fonds de roulement net (optique statique) est donc de 30 000 − 20 000 = 10 000 F. Dans ce cas, le financement nécessaire à la couverture du cycle d'exploitation est exactement assuré par des capitaux permanents pour 10 000 F. La situation financière à court terme de l'entreprise est réputée saine. En effet les besoins à court terme sont couverts en totalité par un financement stable dans le temps (les capitaux permanents).

Exemple 2. — Le besoin en fonds de roulement étant toujours de 10 000 F, le fonds de roulement net est de 20 000 F. La situation est réputée saine puisque de nouveau, les besoins à court terme sont assurés par un financement à long terme, donc stable. Des effets secondaires néfastes à l'optimisation du profit de la firme se feront sentir (excédent de trésorerie, etc.) ; néanmoins la pérennité de l'exploitation est largement garantie.

Exemple 3. — Le besoin en fonds de roulement étant de 10 000 F, le fonds de roulement net n'est plus que de 6 000 F ; la couverture du cycle n'est plus assurée par des capitaux stables. Il manque 4 000 F. L'entreprise ne peut plus faire face à ses échéances. Deux solutions s'ouvrent à elle :

a) L'entreprise va contracter un emprunt à long terme ou augmenter son capital social. Théoriquement cette solution est considérée comme la plus saine. Pratiquement, les établissements financiers peuvent refuser ce financement et les actionnaires éventuels risquent de ne pas souscrire.

b) L'entreprise fera appel au découvert bancaire, négociera ses traites à la banque avant leur échéance ou les associés combleront le manque de 4 000 F par un apport en compte courant. Ces trois financements de secours sont à juste titre considérés comme dangereux. La ligne de découvert comme la ligne d'escompte peuvent être réduites voire annulées du jour au lendemain. Les associés peuvent également récupérer immédiatement leurs apports en compte courant. L'entreprise continue sa vie mais sa pérennité n'est plus assurée.

Les concepts de fonds de roulement et de besoins de fonds de roulement soulèvent donc deux types de confusion.

Fonds de roulement statique et fonds de roulement normatif

Le fonds de roulement statique est la photographie à un moment donné de la marge de sécurité dont dispose l'entreprise pour financer son cycle d'exploitation.

Le fonds de roulement normatif (besoin en fonds de roulement) est un concept dynamique. Il précise au cours du temps les besoins de financement du cycle d'exploitation.

Fonds de roulement et financement

Ces deux notions sont couramment juxtaposées. Il convient de dissocier le fonds de roulement et la manière dont il est financé, de même que le fonds de roulement normatif et son mode de financement.

Dire que l'on n'a pas de problèmes de fonds de roulement car la trésorerie est aisée est inexact. On confond ainsi le besoin en fonds de roulement et l'aptitude que l'on a pour le financer.

II. — Différents concepts de fonds de roulement

Les notions de fonds de roulement *net, normatif, statique, dynamique* sont illustrées par les graphiques 1 et 2.

En abscisse, le temps : le chiffre 1 signifie qu'un exercice s'est écoulé ; le début de l'exercice étant matérialisé par le point 0.

En ordonnée, les différents concepts de fonds de roulement.

A. Graphique 1

Il représente la situation d'une entreprise dont le chiffre d'affaires croît régulièrement. Cette progression peut être réelle ou fictive (inflation).

Le besoin en fonds de roulement (notion dynamique) est défini par la courbe à forme sinusoïdale Y_3. Celui-ci croît au même rythme que le chiffre d'affaires.

Le fonds de roulement normatif, représenté par la droite Y_2, n'est autre que le trend statistique de la courbe Y_3. Il s'accroît au même rythme que le chiffre d'affaires ; ce qui explique le parallélisme entre les droites Y_2 et Y_5.

Le fonds de roulement net à l'instant 0 est représenté par le point A. Ce fonds de roulement net va augmenter au cours de l'exercice de la marge brute d'autofinancement dégagée progressivement par l'exploitation. Le fonds de roulement net, représenté par Y_4, croît plus vite que le chiffre d'affaires. Il s'agit là d'une hypothèse et l'on peut fort bien admettre le processus inverse selon lequel la marge brute augmenterait au même rythme (ou plus lentement) que le chiffre d'affaires.

A la clôture de l'exercice (point B), la société distribue CD aux actionnaires ce qui explique la chute du fonds de roulement net.

Nous allons raisonner en examinant les différentes situations financières au cours du temps.

Graphique 1

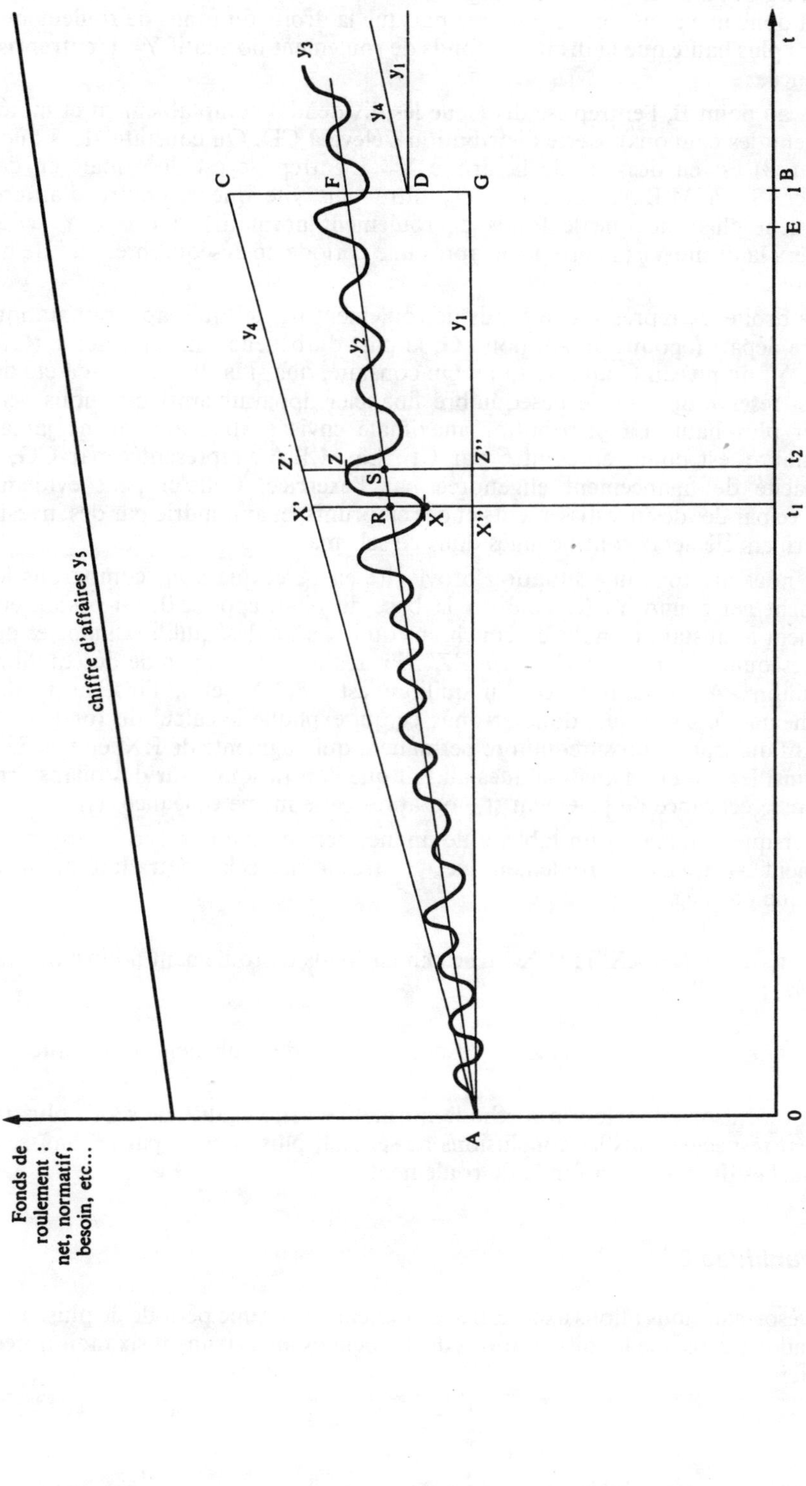
Fonds de roulement : net, normatif, besoin, etc...
chiffre d'affaires y_5
y_4
y_2
y_1
y_3
y_4
y_1
C
F
D
G
Z'
Z
Z''
X'
R
S
X
X''
A
0
t_1
t_2
E
1
B
t

— au point 0 (début de l'exercice), l'équilibre financier est obtenu puisque le fonds de roulement net est égal au fonds de roulement normatif (point A) ;

— de 0 à B le fonds de roulement net augmente plus vite que le fonds de roulement normatif grâce à la hausse de la marge bénéficiaire synthétisée par la M.B.A. L'entreprise connaît donc une croissance équilibrée puisque la droite du fonds de roulement net Y_4 est toujours plus haute que la droite du fonds de roulement normatif Y_2. L'entreprise est alors surfinancée ;

— au point B, l'entreprise distribue les dividendes comptablement et matériellement (paiement des coupons). Cette distribution s'élève à CD. On constate alors que Y_4 (après le point B) est en dessous de la droite Y_2. L'entreprise est désormais en déséquilibre financier. Si sa M.B.A. continue de croître plus vite que le chiffre d'affaires (et par conséquent plus vite que le fonds de roulement normatif) la droite Y_4 coupera puis dépassera la droite Y_2 ; l'entreprise, après une période de déséquilibre, sera de nouveau en équilibre.

La droite Y_1 représente le fonds de roulement net tel qu'il apparaît statiquement au bilan de départ (époque 0). Au point G, la part du bénéfice mis en réserve (GD) va faire monter Y_1 du niveau G au niveau D. On constate, que si la distribution a été de DC et la mise en réserve de DG, le déséquilibre financier apparaît ainsi que nous venons de le signaler plus haut. La distribution maximale envisageable, afin de ne jamais être en déséquilibre, est donc représentée par CF. La M.B.A., représentée par CG, montre la surcapacité de financement engendrée par l'exercice. Celle-ci peut évidemment être renforcée par des désinvestissements et des emprunts, et amoindrie par des investissements. Ces derniers éléments sont négligés dans ce schéma.

Si nous arrêtons une situation provisoire en t_1, et que nous comparons le fonds de roulement net connu Y_1 (calculé sur la base du bilan époque 0) au besoin en fonds de roulement à l'instant t_1, nous en concluons qu'il y a un déséquilibre financier de XX″. En t_2 ce déséquilibre financier s'élève à ZZ″. En réalité il n'y a pas de déséquilibre mais un suréquilibre. A l'instant t_1 ce suréquilibre est de XX′ et à l'instant t_2 de ZZ′. Ce raisonnement est statique, donc erroné ; ce qui explique le calcul du fonds de roulement normatif qui traduit un suréquilibre permanent qui augmente de RX′ en t_1 à SZ′ en t_2. On évite ainsi les erreurs d'analyse dues au fait que l'on raisonne sur des bilans arrêtés avant une grosse échéance de paiement (t_1) ou après cette même échéance (t_2).

Lorsque l'on établit un tableau de financement et que l'on écrit : besoin en fonds de roulement = fonds de roulement net − trésorerie, cela se traduit au niveau de ce graphique par l'égalité suivante :

en t_1
$t_1 X = t_1 X'' - (- XX'')$; $t_1 X$ = besoin en fonds de roulement à l'instant t_1 (trésorerie négative) ;

en t_2
$t_2 Z = t_2 Z'' - (- ZZ'')$; $t_2 Z$ = besoin en fonds de roulement à l'instant t_2 (trésorerie négative).

Si on raisonnait selon la méthode normative cette égalité ne serait plus mathématiquement respectée mais les conclusions ne seraient plus altérées par les hausses et baisses continuelles du besoin en fonds de roulement.

B. Graphique 2

Désormais nous allons axer notre raisonnement sur une période de plusieurs exercices. Nous admettrons que les distributions de dividendes interviennent six mois après la clôture de l'exercice.

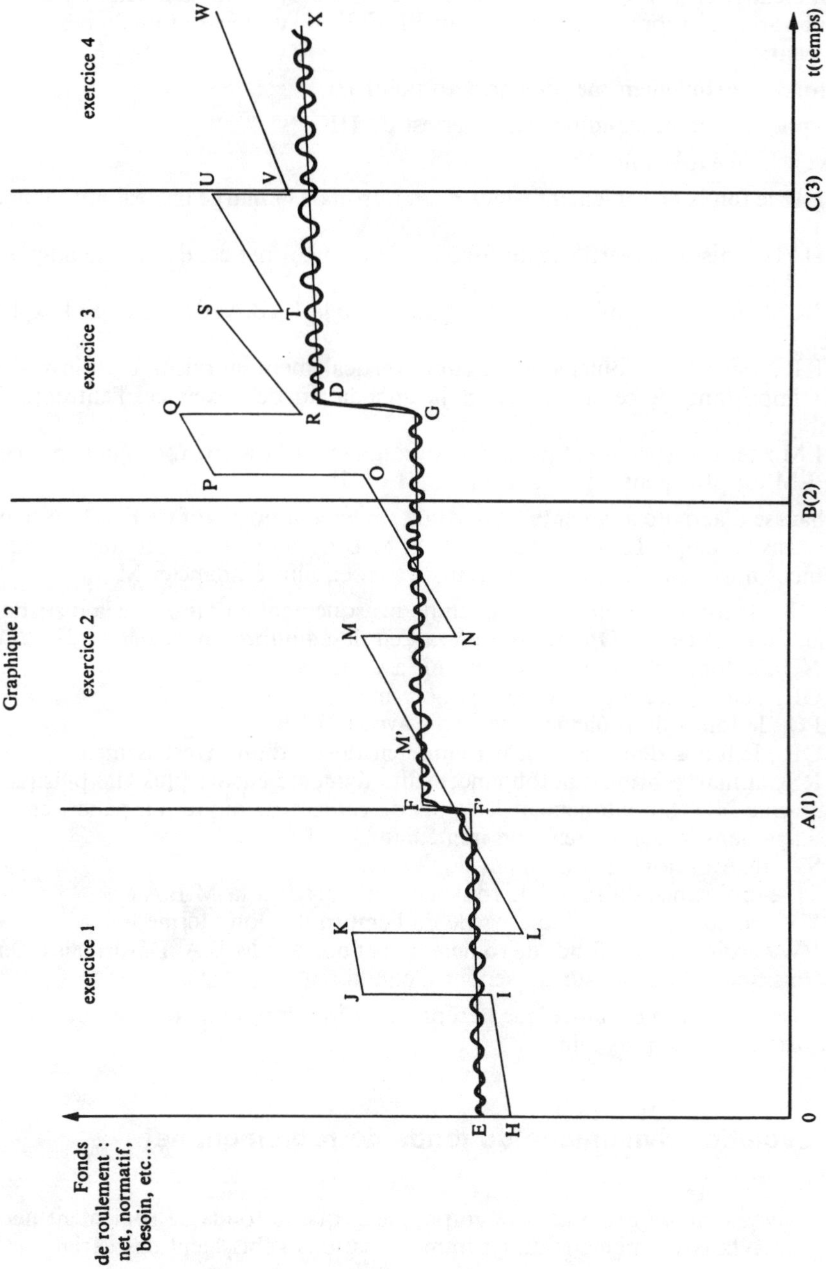
Fonds de roulement : net, normatif, besoin, etc...
exercice 1
exercice 2
exercice 3
exercice 4
t(temps)
0
A(1)
B(2)
C(3)
E
H
I
J
K
L
F
F'
M'
M
N
O
P
Q
R
G
D
S
T
U
V
W
X

Graphique 2

Représentons l'évolution financière de la société sur trois ans. Les points A, B et C représentent la clôture des trois exercices (V. p. 66).

Le besoin en fonds de roulement est représenté par la courbe sinusoïdale. Cette courbe monte en escalier en F'F et GD. Cela signifie qu'il y a une hausse d'activité. Le fonds de roulement normatif, représenté par l'escalier EF'FGDX suit l'évolution du besoin en fonds de roulement.

Le fonds de roulement net démarre au point H.

A l'époque 0, le déséquilibre financier est de HE.

Suivons son évolution :

— HI : le fonds de roulement net croît en raison de la marge brute d'autofinancement (M.B.A.).

— IJ : la croissance verticale du fonds de roulement net est due à une augmentation de capital.

— JK : le fonds de roulement net augmente de la M.B.A. dégagée par l'exploitation courante.

— KL : le fonds de roulement net chute verticalement en raison d'un investissement productif important. A ce stade (L), et jusqu'à la fin de l'exercice, l'entreprise est en déséquilibre financier.

— LM : cet investissement productif va augmenter la M.B.A. ce qui explique que le segment LM est plus pentu que le segment HI ou JK.

La hausse d'activité augmente le fonds de roulement normatif de F' à F avec un léger décalage dans le temps. En M' la hausse de la M.B.A. étant plus forte que celle du fonds de roulement normatif, l'entreprise se retrouve en équilibre financier M'M.

— MN : le fonds de roulement net chute brusquement en raison de la distribution de dividendes de l'exercice 1. On est de nouveau en déséquilibre financier.

— NO : le fonds de roulement net croît avec la M.B.A.

— OP : l'entreprise a emprunté à long terme.

— PQ : le fonds de roulement net croît avec la M.B.A.

— QR : le fonds de roulement net chute en raison d'un investissement.

— RS : la marge brute d'autofinancement augmente encore plus vite puisque RS est plus pentu que NO. Simultanément le fonds de roulement monte un palier, cette fois-ci sans décalage dans le temps (réaction immédiate).

— ST : distribution de dividendes de l'exercice 2.

— TU : croissance du fonds de roulement net grâce à la M.B.A.

— UV : remboursement d'une partie de l'emprunt à long terme.

— VW : croissance du fonds de roulement net due à la M.B.A. Désormais (exercices 3 et 4) la croissance s'effectue sur un sentier d'équilibre.

Ce raisonnement n'est autre que la représentation graphique du plan de financement que nous examinerons plus loin.

III. — Évolution dynamique du fonds de roulement net

Nous avons vu, en examinant le graphique 2, que le fonds de roulement net variait lorsque les capitaux permanents ou les immobilisations subissaient des variations.

Nous avons également admis que le fonds de roulement net augmentait avec la M.B.A. Ce principe peut être démontré de la manière suivante :

Nous savons que la M.B.A. est égale au bénéfice net comptable majoré des dotations aux amortissements.

Or à l'instant t le fonds de roulement net peut se présenter de deux façons :

— soit comme la différence : Capitaux permanents − Immobilisations nettes (graphique 3) ;

— soit comme la différence : Capitaux permanents + Amortissements − Immobilisations brutes (graphique 4).

La seconde façon (graphique 4) va illustrer le raisonnement économique.

Graphique 3
époque t

Graphique 4
époque t

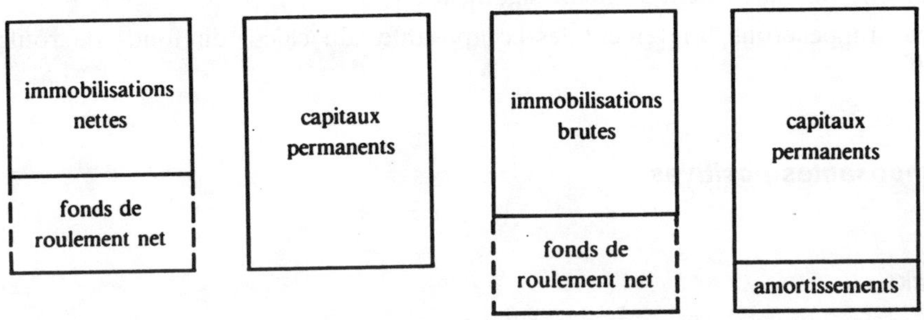

Le bénéfice net comptable va dans un premier temps majorer les capitaux permanents. Ces derniers diminueront par la suite dans le cas où des dividendes seraient distribués.

Les amortissements vont être augmentés par la dotation annuelle.

Globalement, le rectangle capitaux permanents + amortissements va s'accroître du bénéfice net comptable et de la dotation aux amortissements (graphique 5) c'est-à-dire de la M.B.A. Les immobilisations ne variant pas, le fonds de roulement net augmente de la M.B.A. (et non pas du bénéfice). Il diminuera de la distribution de dividendes, si elle a lieu.

Graphique 5
époque t + 1

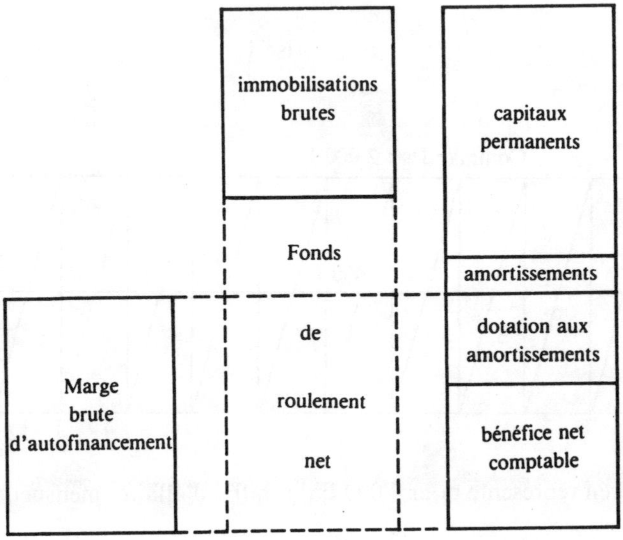

IV. — Méthode normative

Cette méthode, mise au point par des experts comptables, permet de situer le besoin en fonds de roulement dénommé fonds de roulement normatif. Elle tient compte directement des décalages existant entre la livraison et le mouvement de caisse.

Le fonds de roulement normatif est lié à la variable temps et est à ce titre un concept dynamique.

Diverses méthodes peuvent être retenues. Il est en effet possible de raisonner en francs, en jours ou en mois de chiffre d'affaires. Les résultats obtenus bien qu'exprimés différemment ont exactement la même signification.

Nous rappellerons brièvement les composantes du calcul du fonds de roulement normatif.

A. Composantes positives

1° Stocks

Les entreprises commerciales et industrielles sont tenues de disposer d'un stock situé entre un minimum et un maximum. La moyenne du stock détenu par l'entreprise est fonction du cycle achats-fabrication-ventes. Elle est égale au stock de sécurité majoré de la moyenne du stock normalement nécessaire. La valeur du stock moyen nécessaire est fonction de la durée de rotation du stock. Plus le cycle d'exploitation est long plus les stocks nécessaires sont importants. La durée de rotation du stock et la valeur du stock moyen sont donc les deux éléments de base de cette composante du fonds de roulement normatif.

Supposons deux entreprises commerciales ayant un stock moyen de 1 000 et une durée de rotation de 1 mois pour la première et de six mois pour la seconde. Ces deux entreprises ont une marge commerciale de 100 % (les produits achetés 100 sont vendus 200).

Entreprise I

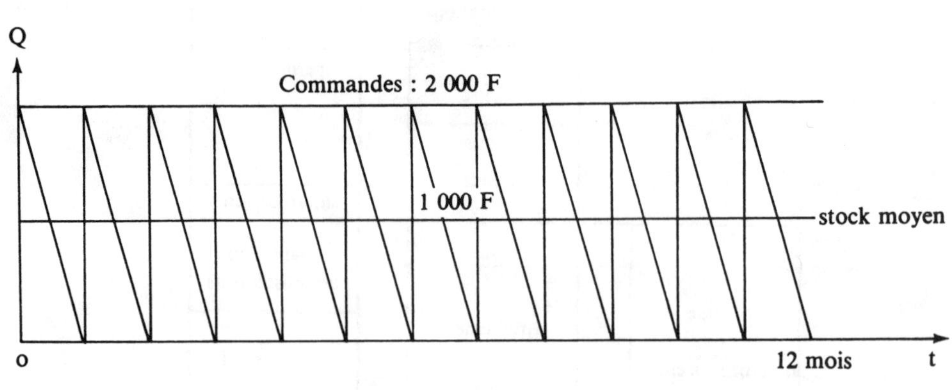

Le stock moyen représente pour 4 000 F de chiffre d'affaires mensuel, 1 000 F pendant un mois.

Si nous déterminons la première composante du fonds de roulement normatif, le stock nécessaire sera égal à :

$$\underset{\text{marge}}{0{,}5} \times \underbrace{0{,}5 \text{ mois de chiffre d'affaires}}_{\text{valeur}} \times \underset{\text{temps}}{1 \text{ mois}} = \underset{\text{équivalent à } 1\,000.}{0{,}25 \text{ mois de chiffre d'affaires,}}$$

Entreprise II

La durée de rotation étant de 6 mois, la courbe du stock moyen se présentera comme suit :

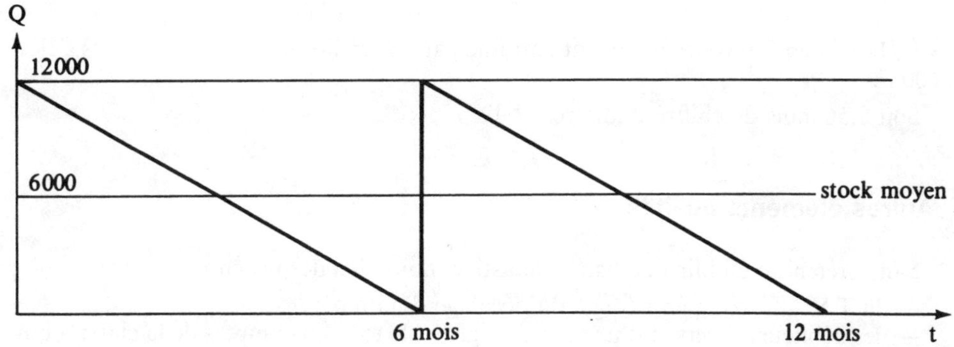

La composante stock du fonds de roulement normatif pour un chiffre d'affaires mensuel moyen de 4 000 F sera :

$$\underset{\text{marge}}{0{,}5} \times \underbrace{0{,}5 \text{ mois de chiffre d'affaires}}_{\text{valeur}} \times \underset{\text{temps}}{6} = \underset{\text{équivalent à } 6\,000.}{1{,}5 \text{ mois de chiffre d'affaires,}}$$

Nous voyons ainsi la liaison qui existe entre le stock nécessaire de produits à vendre et les ventes.

On peut ainsi déterminer par rapport au seul critère des ventes, les valeurs de toutes les composantes du fonds de roulement normatif.

2° Clients

De la même façon qu'un salarié a un besoin en fonds de roulement parce qu'il perçoit son salaire en fin de mois, l'entreprise a un besoin en fonds de roulement supplémentaire parce que ses clients ne la paient pas comptant.

La liaison existant entre le poste « Clients » et le compte « Ventes » est évidente. La référence par rapport au chiffre d'affaires est donc logique. Il convient toutefois de ne pas oublier que les clients sont comptabilisés toutes taxes comprises et que le chiffre d'affaires servant de référence est hors taxe.

Exemple : une entreprise présente les caractéristiques suivantes :
— 30 % des clients règlent au comptant,
— 20 % des clients règlent à un mois,
— 40 % des clients règlent à deux mois,
— 10 % des clients règlent à trois mois.

Le chiffre d'affaires mensuel hors taxes est de 10 000 (12 000 T.T.C.) ; dans un but de simplification la T.V.A. est de 20 %.

Déterminons le supplément de fonds de roulement normatif dû aux clients :

— clients au comptant	: 30 % × 12 000 × 0 =	0
— clients à un mois	: 20 % × 12 000 × 1 =	2 400
— clients à deux mois	: 40 % × 12 000 × 2 =	9 600
— clients à trois mois	: 10 % × 12 000 × 3 =	3 600
		15 600

Le besoin en fonds de roulement entraîné par les crédits accordés aux clients s'élève à 15 600 F.

Soit 1,56 mois de chiffre d'affaires H.T.

3° Autres éléments positifs

Sans prétendre établir une liste exhaustive, nous signalerons en particulier :
— la T.V.A. à récupérer (règle du décalage d'un mois),
— les débiteurs divers et d'une manière générale tous les comptes de la classe 4 qui ne sont pas soldés rapidement (dans les trois jours),
— les effets à recevoir ainsi que les effets escomptés et non échus (hors bilan).

L'acceptation d'une traite par une entreprise signifie que celle-ci subit un règlement différé. La négociation des effets n'est que l'expression d'un besoin de financement insatisfait.

4° Eléments positifs à exclure

Entrent dans cette catégorie, les comptes « Banques », « Chèques postaux » et « Caisse ». En effet, les valeurs disponibles sont un moyen de financement du besoin en fonds de roulement. Elles ne doivent donc pas être incluses dans son calcul.

B. Composantes négatives (dettes à court terme)

Plus les composantes négatives sont élevées plus le besoin en fonds de roulement est faible et son financement en est alors plus facile.

1° Fournisseurs de marchandises et de matières premières

Les délais de règlement accordés par les fournisseurs de marchandises et de matières premières sont une aide précieuse pour l'entreprise. La référence au chiffre d'affaires n'est possible que si le coefficient de marge brute (ou de marge commerciale) est connu précisément.

Exemple :

La marge d'une entreprise est de 50 %.

En d'autres termes, ce qui est acheté 100 est vendu 150.

Les ventes sont de 150 000 F H.T. par mois.

La T.V.A. est de 20 %.

30 % des fournisseurs acceptent d'être payés à un mois.

70 % des fournisseurs acceptent d'être payés à deux mois.

Déterminer la valeur de cette composante du fonds de roulement normatif.

$$30\ \% \times \frac{150\,000}{1{,}50} \times 1\ (\text{mois}) \overbrace{\times\ 1{,}20}^{\text{T.V.A.}} = 36\,000$$

$$70\ \% \times \frac{150\,000}{1{,}50} \times 2\ (\text{mois}) \times 1{,}20 = 168\,000$$

$$\text{total :}\quad 204\,000$$

2° Fournisseurs de frais généraux

Les fournisseurs de frais généraux livrent des biens et services enregistrés dans les comptes de charges d'exploitation. Les délais de règlement sont bien entendu variables. Une bonne connaissance de l'entreprise permettra d'apprécier le délai moyen de règlement de ces fournisseurs.

3° Fournisseurs d'immobilisations

Ce poste ne doit pas être intégré dans le calcul du fonds de roulement normatif. Il n'est pas possible de considérer les investissements (achats d'immobilisations) comme des besoins directement liés au cycle d'exploitation. Il est certain que l'achat d'une machine-outil peut avoir une incidence importante sur le volume ou/et la qualité des opérations effectuées par l'entreprise.

Cette incidence doit malgré tout être considérée comme exceptionnelle car son effet n'interviendra que progressivement sur une période de plusieurs exercices. Parallèlement, pour un bon équilibre financier, le financement des immobilisations sera assuré soit par l'excédent de fonds de roulement soit par un emprunt à long terme.

4° T.V.A. collectée et T.V.A. à récupérer

La T.V.A. collectée sur les ventes est due à l'État. Le règlement effectif de cette T.V.A. intervient entre le 15 et le 24 du mois suivant. On peut donc dire que le délai de règlement de cette T.V.A. est d'environ 35 jours.

Le même raisonnement, appliquée à la T.V.A. à récupérer, nous donne un délai moyen de 65 jours (en raison de la règle de décalage d'un mois pour les biens et services).

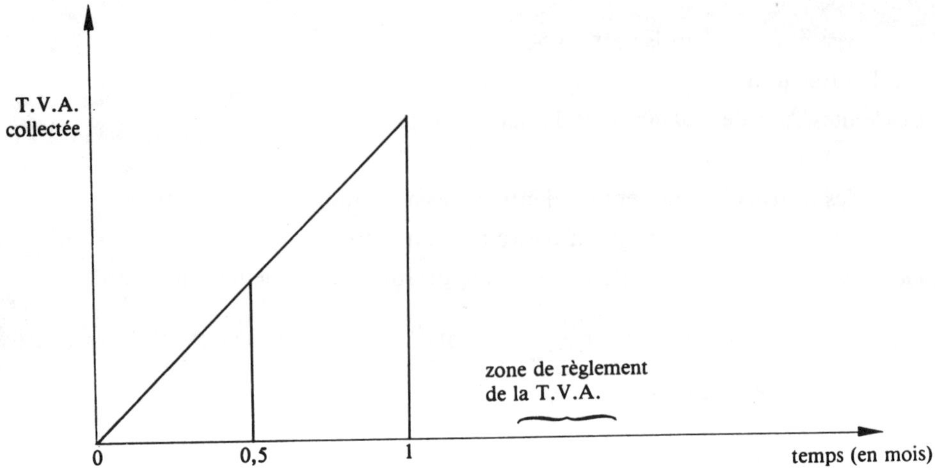

5° T.V.A. sur les encaissements

Certaines entreprises (notamment les prestataires de services) ont le droit d'être assujetties à la T.V.A. sur les encaissements. Ce procédé est extrêmement avantageux car il diminue sensiblement le fonds de roulement normatif. Il convient alors d'ajouter au délai de 35 jours (calculé ci-dessus), le délai de règlement des clients.

Exemple :

Le chiffre d'affaires est de 1 000 000 F hors taxe par mois. La totalité des clients règlent à 60 jours.

Hypothèse n° 1 : L'entreprise paie la T.V.A. sur les débits.

La T.V.A. collectée est de 176 000 F. Le poste T.V.A. collectée, élément négatif du calcul du fonds de roulement normatif (favorable), s'élève à :

$176\,000 \times \frac{35}{30} = 205\,333$ F.

Hypothèse n° 2 : L'entreprise paie la T.V.A. sur les encaissements.

Le délai de règlement de la T.V.A. est alors égal à 35 + 60 soit 95 jours.

Il vient en moins : $176\,000 \times \frac{95}{30} = 557\,333$ F.

Dans le second cas, le fonds de roulement normatif a baissé de 557 333 − 205 333 = 352 000 F ; ce qui est très avantageux.

C. Composantes neutres

Tous les biens et services payés ou encaissés comptant n'ont aucune incidence sur le calcul du fonds de roulement normatif.

Exemple de calcul du fonds de roulement normatif :

Le stock nécessaire à l'exploitation représente un mois d'achat H.T.

La marge commerciale d'une entreprise est de 50 % ; en d'autres termes, ce qui est acheté 100 est vendu 150.

Les ventes mensuelles sont de 150 000 F H.T. par mois (année n).

Les clients règlent de la façon suivante :

— 30 % à un mois ;
— 50 % à deux mois ;
— 20 % à trois mois.

Les fournisseurs de marchandises sont réglés comme suit :

— 50 % au comptant ;
— 50 % à un mois.

• Déterminer le fonds de roulement normatif (ou besoin en fonds de roulement), en mois de chiffre d'affaires et en valeur.

• Le fonds de roulement net apparaissant au bilan est de 400 000 F. Qu'en concluez-vous ?

• Le chiffre d'affaires mensuel prévisionnel de l'année n + 1 est évalué à 200 000 F H.T. Les conditions de règlement et d'encaissement étant inchangées, calculez le besoin en fonds de roulement de l'année n + 1. Que concluez-vous ?

Nota : Le taux de la T.V.A. retenu est de 20 %.

Toutes les autres charges et tous les autres produits sont supposés être respectivement payés et encaissés comptant.

• Calculs préliminaires :

Les achats mensuels s'élèvent à 150 000/1,5 = 100 000 F H.T.

Le rapport achat s/vente est de 0,66 ou 66 %.

(Ce corrigé ne tient pas compte de la T.V.A. collectée et de la T.V.A. à récupérer.)

Libellés	En mois de C.A.H.T.		En valeur	
	+	−	+	−
Stocks				
0,66 × 150 000 = 1 × 100 000	0,666		100 000	
Clients				
(%) (délai) (T.V.A.) (C.A.H.T.)				
30 % × 1 × 1,2 × 150 000 = ...	0,360		54 000	
50 % × 2 × 1,2 × 150 000 = ...	1,200		180 000	
20 % × 3 × 1,2 × 150 000 = ...	0,720		108 000	
Fournisseurs				
(marge) (%) (délai) (T.V.A.) (C.A.H.T.)				
0,66 × 50 % × 0 × 1,2 × 150 000 = ...		0		0
0,66 × 50 % × 1 × 1,2 × 150 000 = ...		0,40		60 000
	2,946	0,40	442 000	60 000
	− 0,400	←	− 60 000	←
Fonds de roulement normatif .... et 2,546 × 150 000 ≃ 382 000 F.	2,546		382 000	

Le taux de TVA retenu est de 20 % dans cet exemple.

• Le fonds de roulement net étant de 400 000 F, la couverture du cycle d'exploitation est assurée par des capitaux permanents. La situation est donc saine.

• Le chiffre d'affaires prévisionnel étant de 200 000 F par mois, le nouveau fonds de roulement normatif est de 200 000 × 2,546 soit 509 200.

Le fonds de roulement net est désormais insuffisant. Il convient d'élever la masse des capitaux permanents soit en émettant de nouvelles actions soit en empruntant à long terme.

D. Fonds de roulement normatif négatif

Certaines entreprises ont un fonds de roulement négatif. Dans ce cas, les crédits obtenus des fournisseurs sont plus importants que ceux accordés à la clientèle. Ceci est fréquent dans les magasins à grande surface dont :

— les stocks ont une rotation rapide,
— les crédits fournisseurs sont longs,
— la clientèle règle au comptant.

Ces entreprises disposent ainsi d'une encaisse importante dont le placement à court terme permet de dégager d'importants produits financiers.

La richesse apparente de ce type d'entreprise ne doit pas aveugler le gestionnaire. Le raisonnement selon lequel l'entreprise spécule sur la régularité de son chiffre d'affaires est dangereux. Une récession de courte durée risque d'entraîner rapidement l'entreprise à la faillite. Il convient donc d'essayer d'assurer par un financement stable la pérennité du fonds de roulement. Le risque doit en conséquence être estimé par les responsables et des mesures de sauvegarde seront assurées.

Nous citerons notamment :

1° Recours à des capitaux à long terme :

— apport de capitaux par les associés ou la société mère (comptes courants bloqués) ;
— crédits à long terme accordés par les banques.

2° Désinvestissements rapides :

— cession de titres ;
— récupération de prêts à moyen ou court terme.

Une surcapacité de financement est donc nécessaire pour assurer la sécurité de l'entreprise.

Le fonds de roulement normatif, calculé sur la base des temps d'écoulement par référence au chiffre d'affaires, ne saurait être considéré comme le remède définitif à tous les problèmes de financement du cycle d'exploitation.

Les entreprises dont l'activité est saisonnière imposent une approche plus précise afin que l'évolution du fonds de roulement normatif puisse être connue tout au long de l'exercice.

L'application d'une méthode statistique basée sur l'étude de séries chronologiques des douze mois est un remède. Il sera alors possible de tracer une droite de tendance, représentative de l'évolution générale des séries et de calculer des coefficients saisonniers par rapport à cette droite de tendance.

LE TABLEAU DE FINANCEMENT 4

TABLEAU DES EMPLOIS ET DES RESSOURCES

Le bilan est la photographie d'une situation financière à un instant donné. Le compte de résultat va décrire la formation détaillée du résultat en faisant apparaître les soldes intermédiaires de gestion. Le bilan est donc une synthèse des comptes de stocks tandis que le compte de résultat montre les flux de l'exercice. Ces deux approches sont évidemment dépendantes. Néanmoins, le bilan et le compte de résultat ne fournissent que les soldes des mouvements qui sont intervenus au cours de l'exercice. Cette information, bien sûr, est insuffisante. C'est la raison pour laquelle les analystes financiers vont établir un tableau de financement également dénommé tableau des emplois et des ressources. Ce tableau va mettre en évidence les mouvements d'emplois et de ressources survenus au cours de l'exercice.

Définition d'un emploi

Un emploi représente la satisfaction d'un besoin à long terme. Ainsi, nous classerons dans les emplois les investissements à long terme ainsi que les remboursements d'emprunts. Cela signifie que si une entreprise paie son loyer ou achète des marchandises, cet acte n'est pas considéré comme un emploi à long terme mais comme un emploi qui entre dans le cycle d'exploitation.

Il est important de bien comprendre que le principe du tableau de financement est fondé uniquement sur des emplois à long terme et/ou immobilisés.

Définition d'une ressource

Une ressource est également considérée comme telle, dans la mesure où elle est à long terme. On entend par là une ressource qui est dégagée d'une manière permanente ou quasi permanente. On retiendra par exemple, la marge brute d'autofinancement qui a été dégagée tout au long de l'exercice. On mettra également dans les ressources les emprunts à long terme, qui sont considérés comme des ressources permanentes, même si elles ne sont pas définitives.

Il faut bien comprendre qu'en comptabilité et dans le cadre du tableau de financement la notion de permanence est celle qui franchit le seuil d'un exercice. Cela implique qu'au-delà d'un exercice, on considère le financement comme permanent.

Caractéristiques du tableau de financement

Le tableau de financement est établi uniquement sur la base des variations entre le début et la fin de l'exercice. Pratiquement, cela veut dire que l'analyste financier va se servir

TABLEAU DES EMPLOIS ET DES RESSOURCES DE L'EXERCICE
(Tableau de financement)

I. Calcul de la variation du Fonds de roulement net global

EMPLOIS STABLES	Exercice N	Exercice N – 1
Distributions mises en paiement au cours de l'exercice		
Acquisitions d'éléments de l'actif immobilisé :		
Immobilisations incorporelles		
Immobilisations corporelles		
Immobilisations financières		
Charges à répartir sur plusieurs exercices (*a*)		
Réduction des capitaux propres (réduction de capital, retraits)		
Remboursements de dettes financières (*b*)		
Total des emplois	X	X
Variation du fonds de roulement net global (ressource nette)		

RESSOURCES DURABLES	Exercice N	Exercice N – 1
Capacité d'autofinancement de l'exercice		
Cessions ou réductions d'éléments de l'actif immobilisé :		
Cessions d'immobilisations :		
– incorporelles		
– corporelles		
Cessions ou réductions d'immobilisations financières		
Augmentation des capitaux propres :		
Augmentation de capital ou apports		
Augmentation des autres capitaux propres		
Augmentation des dettes financières (*b*) (*c*)		
Total des ressources	X	X
Variation du fonds de roulement net global (emploi net)		

(*a*) Montant brut transféré au cours de l'exercice.
(*b*) Sauf concours bancaires courants et soldes créditeurs de banques.
(*c*) Hors primes de remboursement des obligations.

TABLEAU DES EMPLOIS ET DES RESSOURCES DE L'EXERCICE (Tableau de financement)

II. Utilisation de la variation du fonds de roulement net global

Variation du fonds de roulement net global	Exercice N			Exercice N - 1
	Besoins 1	Dégagement 2	Solde 2 - 1	Solde
Variations « Exploitation » :				
Variation des actifs d'exploitation :				
Stocks et en-cours				
Avances et acomptes versés sur commandes				
Créances Clients, Comptes rattachés et autres créances d'exploitation *(a)*				
Variations des dettes d'exploitation :				
Avances et acomptes reçus sur commandes en cours				
Dettes Fournisseurs, Comptes rattachés et autres dettes d'exploitation *(b)*				
Totaux	X	X		
A. Variation nette « Exploitation » *(c)*			± X	± X
Variations « Hors exploitation » :				
Variations des autres débiteurs *(a)* *(d)*				
Variations des autres créditeurs *(b)*				
Totaux	X	X		
B. Variation nette « Hors exploitation » *(c)*			± X	± X
TOTAL A + B :				
Besoins de l'exercice en fonds de roulement			- X	- X
ou				
Dégagement net de fonds de roulement dans l'exercice			+ X	+ X
Variations « Trésorerie »				
Variations des disponibilités				
Variations des concours bancaires courants et soldes créditeurs de banques				
Totaux	X	X		
C. Variation nette « Trésorerie » *(c)*			± X	± X
Variation du fonds de roulement net global (Total A + B + C) :				
Emploi net			-	-
ou				
Ressource nette			+	+

(a) Y compris charges constatées d'avance selon leur affectation à l'exploitation ou non.
(b) Y compris produits constatés d'avance selon leur affectation à l'exploitation ou non.
(c) Les montants sont assortis du signe (+) lorsque les dégagements l'emportent sur les besoins et du signe (-) dans le cas contraire.
(d) Y compris valeurs mobilières de placement.

Nota. — Cette partie II du tableau peut être adaptée au système de base. Dans ce cas, les variations portent sur l'ensemble des éléments, aucune distinction n'est faite entre exploitation et hors exploitation.

du bilan de la fin de l'année n par exemple, et du bilan de la fin de l'année n + 1 de manière à déterminer au cours de l'exercice n + 1 quels ont été les mouvements d'emplois et de ressources effectués par l'entreprise. Le calcul de la capacité d'autofinancement dégagé au cours de l'exercice n + 1 sera fourni par le compte de résultat. Le total des emplois stables de l'exercice sera effectué et soustrait du total des ressources durables de l'exercice. L'écart entre ces deux totaux nous fournira la variation du fonds de roulement net global.

La deuxième partie du tableau de financement permettra de calculer les variations d'exploitation, les variations hors exploitation ainsi que celles de la trésorerie. Nous aurons ainsi la variation du besoin en fonds de roulement net global, c'est-à-dire l'utilisation qui a été faite du fonds de roulement net, au cours de l'exercice.

Il convient de bien différencier cette notion de besoin en fonds de roulement net qui est une notion purement statique (c'est-à-dire fixée au 31 décembre n + 1 puisque telle est la date que nous avons choisie) de celle de fonds de roulement normatif qui est une notion dynamique.

I. — Description du tableau

Le tableau de financement est scindé en deux grandes parties. La première partie indique les emplois et les ressources de l'exercice, tandis que la seconde met en évidence les besoins et les dégagements de l'exercice.

A. Première partie du tableau

Voir p. 70.

Le tableau des emplois et des ressources de l'exercice.

1° Emplois

Nous allons examiner successivement les postes qui entrent dans la catégorie des emplois.

L'expression « besoins » peut se substituer à celle d'« emplois ».

a) Distributions mises en paiement au cours de l'exercice

Les distributions mises en paiement au cours de l'exercice n'apparaissaient pas dans l'ancien tableau de financement. On ne considérait pas comme emploi la distribution de dividendes parce que le tableau de financement était à cette époque construit sur la base de bilans après répartition. Cette fois-ci nous raisonnons sur des bilans avant répartition c'est-à-dire avec un bénéfice apparent. On est alors obligé de considérer comme un emploi la distribution de dividendes qui correspond aux bénéfices distribués de l'exercice précédent. Cette nouveauté est en réalité extrêmement intéressante au niveau de la gestion financière car il est beaucoup plus logique, économiquement, de considérer comme un emploi, un paiement effectif de dividendes plutôt qu'une distribution de dividendes qui n'a matériellement pas eu lieu.

b) Acquisitions d'éléments d'actif immobilisé

Le tableau de financement suit la nomenclature du plan comptable et notamment celle du bilan puisque seules les acquisitions d'immobilisations sont prises en compte. Ces mouvements sont scindés en trois catégories : immobilisations incorporelles, immobilisations corporelles et immobilisations financières. Précisons que si nous disposons de deux bilans, à défaut d'autres informations, pour établir la partie Emplois et Ressources du tableau de financement, nous sommes obligés préalablement au calcul des acquisitions, d'établir un tableau préparatoire. En réalité, la variation des postes bruts du bilan n'est pas suffisante pour nous permettre de déterminer le mouvement et le montant des acquisitions de l'exercice, puisque nous avons, cumulées, des acquisitions et des cessions. Nous sommes donc obligés de construire le tableau suivant :

1	2	3	4
Valeur brute des immobilisations au 1/1/n	Acquisitions de l'exercice n	Cessions de l'exercice n	Valeur brute des immobilisations au 31/12/n

A ce niveau le total de la colonne 2 apparaîtra dans le tableau de financement.

c) Charges à répartir sur plusieurs exercices

Les charges à répartir sur plusieurs exercices sont les frais d'établissement. Nous citerons à titre d'exemple les frais de première installation, les honoraires de constitution de la société, les frais de lancement de l'entreprise, etc.

d) Réduction des capitaux propres

Ils'agit là d'une réduction des capitaux propres qui peut être due, par exemple, à une distribution de réserves ou à une réduction du capital social (opération relativement rare). En ce qui concerne cette rubrique, on n'observe aucun changement, par rapport à l'ancien tableau de financement.

e) Remboursements de dettes financières

Il s'agit des dettes financières à long terme : leur remboursement n'intègre pas les primes de remboursement des obligations qui n'apparaissent jamais dans un tableau de financement.

On ne retient finalement en ressources que l'emprunt encaissé et en emploi, que le remboursement du capital emprunté.

Le total de ces cinq rubriques nous donne le total des emplois.

Nous rappelons donc la nouveauté principale de ce tableau de financement : les distributions mises en paiement au cours de l'exercice forment une nouvelle rubrique qui n'existait pas dans le passé, et qui financièrement est assez logique.

2° Ressources fixes de l'exercice

a) Capacité d'autofinancement

La première rubrique, également la plus importante, est la capacité d'autofinancement de l'exercice.

Signalons que cette capacité d'autofinancement de l'exercice est une capacité brute, c'est-à-dire une capacité d'autofinancement avant toute distribution de dividendes.

Dans l'ancien tableau de financement, l'autofinancement brut était calculé après distribution de dividendes. On remarque donc une première différence à ce niveau.

La capacité d'autofinancement est calculée à partir du compte de résultat et bien évidemment, des soldes intermédiaires de gestion.

b) Cessions ou réductions de l'actif immobilisé

Cette rubrique, qui s'appelait dans l'ancien tableau de financement « Ressources exceptionnelles », inclut notamment les produits de cession des immobilisations. On distinguera ces immobilisations selon qu'elles sont incorporelles, corporelles ou financières. Nous rappelons que c'est le prix de cession qui apparaît en ressources. Ceci est parfaitement logique, puisque la ressource correspond au prix global encaissé par l'entreprise. La plus-value est donc incluse dans ce prix de vente.

c) Augmentation des capitaux propres

Cette rubrique existait également dans l'ancien tableau de financement. Cette fois-ci nous distinguerons l'augmentation de capital et l'augmentation des autres capitaux propres.

Il s'agit d'augmentation de capitaux par un rapport venant de l'extérieur, c'est-à-dire augmentant les ressources de l'entreprise. Cela signifie que, s'il y avait par exemple un transfert des réserves aux capitaux propres de l'entreprise (une capitalisation de réserves) ou la capitalisation d'un écart de réévaluation, cette rubrique ne serait pas mouvementée.

d) Augmentation des dettes financières

Les emprunts constituent une ressource permanente pour les entreprises, même si celle-ci n'est pas définitive.

Lorsque nous effectuons le total des ressources, et que nous le soustrayons du total des emplois, nous obtenons la variation du fonds de roulement global. Si les ressources sont supérieures aux emplois, nous en déduirons que le fond de roulement net a augmenté au cours de l'exercice, ce qui, à priori, est un élément favorable ; si au contraire, les emplois sont supérieurs aux ressources, nous en conclurons que le fonds de roulement net a diminué, ce qui peut être préjudiciable.

Il n'est pas possible, sur la base d'un tableau de financement de trancher, c'est-à-dire de définir ce qui est favorable ou préjudiciable, dans la mesure où un calcul précis du fonds de roulement normatif n'a pas été effectué.

B. Deuxième partie du tableau

On distingue verticalement les variations d'exploitation, les variations hors exploitation et les variations de trésorerie.

Latéralement, les opérations sont inscrites dans deux colonnes : une colonne dénommée « Besoins » et une colonne dénommée « Dégagements ».

Définition d'un besoin : lorsqu'un chiffre est inscrit dans la colonne « Besoins », cela signifie qu'il y a hausse du besoin en fonds de roulement. Supposons par exemple que les créances Clients aient augmenté entre le premier jour de l'exercice et le dernier jour de l'exercice. Cette augmentation traduira un besoin supplémentaire de fonds de roulement net, parce que l'on estime qu'entre l'instant t et l'instant t + 1 les clients paient plus tardivement.

Définition d'un dégagement : on entend par dégagement, une diminution du fonds de roulement net. Supposons par exemple qu'il y ait entre le premier jour de l'exercice et la clôture de l'exercice, une diminution du stock, cette diminution sera inscrite dans la colonne « Dégagements ». L'entreprise, ayant à financer à la fin de l'exercice un stock plus faible que celui qu'elle avait à financer au début, est donc financièrement soulagée.

1° Variations d'exploitation

Le total des besoins d'exploitation et des dégagements d'exploitation est effectué. La différence est dénommée variation nette d'exploitation.

Si les besoins sont supérieurs aux dégagements, nous obtenons un chiffre négatif, qui traduit une hausse du besoin en fonds de roulement entre le premier jour de l'exercice et la clôture.

Inversement, si les dégagements sont supérieurs aux besoins, le chiffre sera inscrit dans les variations nettes d'exploitation, précédé par le signe +. Nous aurons donc globalement un dégagement d'exploitation c'est-à-dire un élément qui financièrement est favorable à l'entreprise (diminution du besoin en fonds de roulement).

2° Variations hors exploitation

La même logique s'applique pour les variations hors exploitation.

On entend par variations hors exploitation, les mouvements intervenus entre le début et la fin de l'exercice, sur des opérations qui n'entrent pas dans l'objet social courant de l'entreprise.

Il est évident que la séparation entre variations d'exploitation, et variations hors exploitation, n'est pas toujours très tranchée, et parfois il peut y avoir certaines hésitations. Le plan comptable laisse cependant une certaine liberté, aux analystes financiers auxquels il appartiendra de décider arbitrairement de la nature des opérations effectuées par l'entreprise.

A titre d'illustration, les dettes et les créances portant sur les éléments suivants sont considérées hors exploitation :

Opérations de répartition :

— frais financiers à payer,
— produits financiers à recevoir,

— participations,
— opérations exceptionnelles,
— impôt sur les bénéfices,
— dettes envers les actionnaires.

Opérations d'investissement :

— immobilisations acquises ou créées,
— titres de participation acquis,
— charges à répartir sur plusieurs exercices (frais d'établissement).

Opérations financières :

— remboursement d'emprunts,
— prêts, dépôts, titres de placement (dénouement inférieur à un an).

De la même manière que précédemment, on calcule le total des besoins hors exploitation (ou le total des dégagements hors exploitations).

Si le total des besoins est supérieur au total des dégagements, cela traduira une augmentation du besoin en fonds de roulement ; inversement nous aurons une diminution du besoin en fonds de roulement et le chiffre apparaissant dans la 3e colonne sera précédé du chiffre +.

Le total entre les variations nettes d'exploitation et les variations nettes hors exploitation donne les besoins de l'exercice en fonds de roulement si le chiffre est négatif. On obtient un dégagement net de fonds de roulement si ce chiffre est positif.

On dira, si le chiffre est négatif, que la situation s'est financièrement appauvrie ; inversement, s'il est positif, l'entreprise a augmenté sa capacité financière.

3° Variations de trésorerie

Il suffit de calculer le total des avoirs en banque, en caisse et en chèques postaux au début et à la clôture de l'exercice puis d'effectuer la différence.

Si les avoirs en trésorerie ont augmenté, le chiffre fixant cette augmentation s'inscrit dans la colonne des « Besoins ». Inversement, si la trésorerie de l'entreprise a diminué, cette baisse sera inscrite dans la colonne des « Dégagements ». Cela ne signifie pas qu'il y a respectivement une augmentation du besoin en fonds de roulement et une diminution du besoin en fonds de roulement, due à la hausse ou à la baisse de la trésorerie. Cette opération n'a pas de signification économique, et permet seulement de cadrer le tableau de financement pour retrouver la variation du fonds de roulement net que nous avions déterminée dans la première partie en effectuant la différence entre les ressources et les emplois de l'exercice.

L'étude de cas suivante illustrera toutes ces notions.

II. — Etude de cas corrigée

BILAN AU 31/12/n – 1

Actif	Valeurs brutes	Amortissements provisions	Valeurs nettes	Passif	
Immobilisations incorporelles	1 500		1 500	Capital	10 000
Immobilisations corporelles	20 000	13 000	7 000	Réserves	5 000
Immobilisations financières	4 000	800	3 200	Bénéfice	1 100
Stocks	13 000		13 000	Emprunts	25 000
Créances	41 000	6 000	35 000	Dettes	20 000
Banque	1 400		1 400		
			61 100		61 100

BILAN AU 31/12/n

Actif	Valeurs brutes	Amortissements provisions	Valeurs nettes	Passif	
Immobilisations incorporelles	1 800		1 800	Capital	15 000
Immobilisations corporelles	24 000	15 000	9 000	Bénéfice	1 800
Immobilisations financières	5 000	1 000	4 000	Emprunts	21 000
Stocks	17 000		17 000	Dettes	22 000
Créances	35 000	6 000	29 000	Banques	1 000
			60 800		60 800

— Frais de notaire relatifs à une modification statutaire : F 300.
Investissements corporels : F 6 000.
Cessions pour un prix de vente de F 900 du matériel amorti pour F 1 500.

— Calculs à effectuer : **Déterminer le montant des investissements bruts ainsi que la dotation aux amortissements.**

Nota : il n'y a pas d'amortissement dérogatoire.

COMPTE DE RÉSULTAT AU 31/12/n

Débit		Crédit	
Opérations d'exploitation		*Opérations d'exploitation*	
Achats marchandises	80 000	Ventes	150 000
Achats matières premières	30 000	Production vendue	70 000
ΔStock de marchandises	+ 1 000	Δ Stock produits finis	+ 5 000
Δ Stock de matières premières	– 2 000	Production immobilisée	1 000
Autres charges externes	10 000		
Salaires et traitements	105 000		
Charges calculées	3 500		
Total des charges d'exploitation	227 500	Total des produits d'exploitation	226 000
Opérations financières		*Opérations financières*	
Charges financières	400	Revenu des participations	1 000
Charges calculées	200		
Opérations exceptionnelles		*Opérations exceptionnelles*	
Opérations en capital	500	Opérations en capital	900
		Autres opérations	2 500
Bénéfice	1 800		
	230 400		230 400

SOLUTION

Question 1

1° Marge commerciale

Celle-ci est égale à :

Ventes de marchandises – achats de marchandises vendues.

La vente de marchandises est égale à .... + 150 000

Les achats vendus sont égaux aux achats + stock initial – stock final de marchandises.

Nous obtenons ainsi : F 80 000 + F 1 000, soit .... – 81 000

(+ 1 000 représentant la variation recherchée)

Marge commerciale .... + 69 000

2° Production de l'exercice

Celle-ci est égale à la :

Production vendue	+ 70 000
+ Production stockée	+ 5 000
(Le calcul est cette fois-ci inverse ; on effectue alors + stock final de produits finis − stock initial + production immobilisée)	+ 1 000
Production de l'exercice	+ 76 000

3° Consommation

Il s'agit de la consommation de matières premières et consommables ainsi que de frais généraux de l'exercice. Cette valeur est limitée aux opérations d'exploitation. Elle est égale à :

Achats consommés	
Il s'agit des achats de l'exercice	+ 30 000
auxquels s'ajoute la variation de stock.	
Dans le sens + stock initial − stock final	− 2 000
Autres charges externes	+ 10 000
Consommation de l'exercice	+ 38 000

4° Valeur ajoutée

Celle-ci est égale à :

Marge commerciale	+ 69 000
+ production − consommation (76 000 − 38 000)	+ 38 000
Valeur ajoutée	+ 107 000

5° Excédent brut d'exploitation

Il est égal à l'addition de :

Valeur ajoutée	+ 107 000
+ Subventions d'exploitation	+ 0
− Frais de personnel	− 105 000
− Impôts et taxes	− 0
Excédent brut d'exploitation	+ 2 000

6° Résultat d'exploitation

Celui-ci peut être calculé de deux façons :

a) Excédent brut d'exploitation	+ 2 000
+ Autres produits	0
− Autres charges	0
− Dotations aux amortissements et provisions	− 3 500
Résultat d'exploitation	− 1 500

b) Total des produits d'exploitation	+ 226 000
− Total des charges d'exploitation	− 227 500
Résultat d'exploitation	− 1 500

7° Résultat courant avant impôt

On additionne le résultat d'exploitation (pertes)	− 1 500
+ Produits financiers	+ 1 000
− Charges financières	− 600
Résultat courant avant impôt	− 1 100

8° Résultat exceptionnel

Il ne se déduit pas des autres résultats ; on effectue la différence entre :

Produits exceptionnels	+ 3 400
− Charges exceptionnelles	− 500
Résultat exceptionnel	+ 2 900

9° Résultat de l'exercice

On l'obtient en additionnant :

Résultat courant avant impôt	− 1 100
+ Résultat exceptionnel	+ 2 900
Résultat de l'exercice	+ 1 800

On constate ainsi que le bénéfice de l'exercice n'est le fait que d'opérations exceptionnelles ; les opérations courantes traduisant une perte de F 1 100.

10° Capacité d'autofinancement de l'exercice

Préalablement à son calcul, il convient d'extourner les plus ou moins-values réalisées : la plus-value réalisée s'élève à : 900 − 500 = 400 (variation des opérations en capital).
Il vient :

Bénéfice de l'exercice	+ 1 800
Charges calculées sur dotations aux amortissements	+ 3 500
dotations aux provisions	+ 200
Plus-value sur cessions	− 400
Capacité d'autofinancement	+ 5 100

Question 2

Tableau de financement

Nous constatons que les capitaux propres n'ayant pas augmenté, la distribution du bénéfice de l'exercice n − 1 a été totale. Elle a donc pratiquement eu lieu au cours de l'exercice n.

Le tableau suivant doit permettre de décomposer les entrées et les sorties d'immobilisations.

	Valeurs brutes au 1/1/n	Acquisitions	Cessions	Valeurs brutes au 31/12/n
Immobilisations incorporelles	1 500	300		1 800
Immobilisation corporelles	20 000	6 000	2 000*	24 000
Immobilisations financières	4 000	1 000		5 000

— Les emprunts à long terme sont passés de F 25 000 à F 21 000.

On en déduit que l'entreprise a remboursé F 4 000.

— La première partie du tableau de financement montre une baisse du fonds de roulement net de F 12 400 − F 6 000, soit F 6 400. Ce qui à priori est un financement préjudiciable pour l'entreprise.

— La deuxième partie du tableau va décrire la variation des valeurs circulantes. Nous avons supposé que toutes les créances étaient des créances d'exploitation.

— La hausse du stock (4 000) déclenche un besoin de fonds de roulement.
— La diminution des créances permet un dégagement de 6 000.
— La hausse des dettes (2 000) permet également un dégagement.
— La diminution de la trésorerie est inscrite dans la colonne « dégagements ».

Cette classification est purement formelle.

Elle ne signifie en aucune manière que l'appauvrissement monétaire de l'entreprise fait apparaître un dégagement. En revanche, ce classement permet de mettre en évidence la relation :

Δ Fonds de roulement − Δ besoin en fonds de roulement = Δ trésorerie
− 6 400 − (− 4 000) = − 2 400.

Rappelons que cette équation n'a de signification économique qu'à l'instant t (clôture de l'exercice n). Rien ne laisse supposer que la situation est en réalité pire ou meilleure. C'est la grande faiblesse du tableau de financement en particulier et de l'analyse statique en général.

(*) Le matériel d'une valeur brute de 2000 F a été amorti de 1500 et vendu 900. Le chiffre de 2000 est obtenu dans le tableau par différence.

TABLEAU DES EMPLOIS ET DES RESSOURCES DE L'EXERCICE
Tableau de financement en compte (1)

EMPLOIS	Exercice N	Exercice N−1	RESSOURCES	Exercice N	Exercice N−1
Distributions mises en paiement au cours de l'exercice ...	1 100		Capacité d'autofinancement de l'exercice	5 100	
Acquisitions d'éléments de l'actif immobilisé :			Cessions ou réductions d'éléments de l'actif immobilisé :		
Immobilisations incorporelles	0		Cessions d'immobilisations :		
Immobilisations corporelles	6 000		— incorporelles		
Immobilisations financières	1 000		— corporelles	900	
Charges à répartir sur plusieurs exercices *(a)*	300		Cessions ou réductions d'immobilisations financières		
Réduction des capitaux propres (réduction de capital, retraits)	0		Augmentation des capitaux propres :		
Remboursements de dettes financières *(b)*	4 000		Augmentation de capital ou apports		
			Augmentation des autres capitaux propres		
			Augmentation des dettes financières *(b) (c)*		
Total des emplois .	**12 400**	x	**Total des ressources**	**6 000**	x
Variation du fonds de roulement net global (ressource nette)			Variation du fonds de roulement net global (emploi net)	6 400	

(a) Montant brut transféré au cours de l'exercice.
(b) Sauf concours bancaires courants et soldes créditeurs de banques.
(c) Hors primes de remboursement des obligations.

TABLEAU DES EMPLOIS ET DES RESSOURCES DE L'EXERCICE
Tableau de financement en compte (II)

Variation du fonds de roulement net global	Exercice N			Exercice N − 1
	Besoins 1	Dégagements 2	Solde 2 − 1	Solde
Variations « Exploitation » :				
Variations des actifs d'exploitation :				
Stocks et en-cours	4 000			
Avances et acomptes versés sur commandes				
Créances Clients, Comptes rattachés et autres créances d'exploitation *(a)*		6 000		
Variations des dettes d'exploitation :				
Avances et acomptes reçus sur commandes en cours				
Dettes Fournisseurs, Comptes rattachés et autres dettes d'exploitation *(b)*		2 000		
Totaux	4 000	8 000		
A. Variation nette « Exploitation » *(c)*			+ 4 000	
Variations « Hors exploitation » :				
Variations des autres débiteurs *(a) (d)*				
Variations des autres créditeurs *(b)*				
Totaux	0	0		
B. Variation nette « Hors exploitation » *(c)*			0	
TOTAL A + B : Besoins de l'exercice en fonds de roulement *ou* Dégagement net de fonds de roulement dans l'exercice			+ 4 000	
Variations « Trésorerie »				
Variations des disponibilités				
Variations des concours bancaires courants et soldes créditeurs de banques		2 400		
Totaux		2 400		
C. Variation nette « Trésorerie » *(c)*			+ 2 400	
Variation du fonds de roulement net global (Total A + B + C) :				
Emploi net	—	—		
ou				
Ressource nette			+ 6 400	

(a) Y compris charges constatées d'avance selon leur affectation à l'exploitation ou non.
(b) Y compris produits constatés d'avance selon leur affectation à l'exploitation ou non.
(c) Les montant sont assortis du signe (+) lorsque les dégagements l'emportent sur les besoins et du signe (−) dans le cas contraire.
(d) Y compris valeurs mobilières de placement.

LE DÉSÉQUILIBRE FINANCIER 5

L'objet de ce chapitre est de recenser les événements conduisant au déséquilibre financier de l'entreprise.

Nous savons que le déséquilibre est dû à l'inégalité suivante : fonds de roulement normatif > fonds de roulement net.

Cette situation peut être atteinte alors que l'entreprise est comptablement bénéficiaire. Nous raisonnerons donc sur le cas d'une entreprise dégageant des bénéfices et n'ayant pas de reports déficitaires (comptables ou fiscaux). Cette entreprise dégage au 31/12/n un bénéfice net de 500 000 F. Pourtant elle est économiquement en situation de cessation de paiement. Nous évoquerons donc les événements intervenus au cours de l'exercice n + 1 qui ont pu conduire l'entreprise à la cessation de paiements, alors qu'au 31/12/n elle était financièrement équilibrée et rentable.

I. — Diminution brutale du fonds de roulement net

Une baisse sensible du fonds de roulement net peut être déséquilibrante. Nous savons que ce dernier est égal à la différence entre le total des capitaux permanents et le total des immobilisations et valeurs immobilisées nettes.

A. Baisse des capitaux permanents

1° Capitaux propres

a) Capital social

Le capital social peut être altéré par une réduction. Celle-ci peut avoir deux origines :

1) Réduction du capital par amortissement des pertes. Cette première hypothèse est rejetée puisque nous avons posé comme hypothèse que la société n'avait jamais été en perte.

2) Réduction du capital par remboursement d'apports. Cet événement est en pratique assez rare. Juridiquement il est nécessaire que toutes les actions soient libérées. Economiquement, cette réduction peut être votée parce que le capital social paraît trop élevé aux associés eu égard au volume d'activité. On peut cependant admettre que la réduction est décidée afin que les associés puissent satisfaire leurs besoins financiers propres avec le remboursement de leurs apports. Dans cette dernière hypothèse, le remboursement du capital social, s'il est important, peut contribuer au déséquilibre de l'entreprise.

b) Réserves

— *Réserves statutaires et légales.* — Celles-ci représentent l'agrégat des marges nettes d'autofinancement (nettes des distributions prélevées sur ces réserves).

La distribution des réserves est un facteur déséquilibrant. En outre, toute distribution de réserves détenues depuis plus de cinq ans entraîne le règlement du précompte mobilier, ce qui ne peut qu'aggraver la situation.

— *Distribution des réserves réglementées.* — Il est possible de distribuer la réserve spéciale des plus-values à long terme, à condition de la rapporter au résultat de l'exercice en cours à la date de la distribution, sous déduction de l'impôt de 15 ou 25 % perçu lors de la réalisation des plus-values.

Les provisions pour investissement, pour fluctuation des cours et pour hausse des prix peuvent être distribuées. Elles doivent également être rapportées au résultat fiscal de l'exercice en cours.

Ces distributions entraînent donc une baisse du financement permanent, majorée de l'impôt du fait de l'annulation de la déductibilité.

Cela signifie que, si l'entreprise avait enregistré une provision pour investissement de 5 000 F et une provision pour fluctuation des cours de 10 000 F (cette dernière étant supposée intégralement déductible), le poids financier s'élèverait à environ une fois et demi 15 000 F, soit 22 500 F.

— *Distribution des provisions.* — D'une manière plus générale, toute distribution de provision antérieurement déduite du résultat fiscal génère un poids financier égal à 1,5 fois son montant. Cela peut être le cas de tout ou partie des provisions pour pertes et charges (étant admis que l'entreprise est fiscalement bénéficiaire).

2° Dettes à long terme

Remboursement des emprunts

L'entreprise peut, pour diverses raisons, rembourser des emprunts de manière anticipée. Les emprunts engendrent des emplois (effet de boomerang) ; cet effet peut être accentué par un remboursement anticipé et contribuer au déséquilibre financier de l'entreprise. L'inflation vient alors renforcer l'effet néfaste.

Il arrive (assez souvent) que l'entreprise soit financée par un compte courant bloqué. Ce dernier est parfois important. Au moment du déblocage l'entreprise peut être amenée à rembourser en une seule fois l'intégralité du compte courant, ce qui, bien évidemment, entraînera le déséquilibre.

B. Hausse des immobilisations

1° Le surinvestissement est à l'origine de nombreuses faillites. Il convient de distinguer [1] les investissements productifs de ceux qui ne le sont pas :

a) l'investissement productif est d'autant plus dangereux qu'il entraîne un supplément de fonds de roulement normatif. Le surinvestissement sera donc accentué par ce dernier effet et simultanément soulagé par la hausse de la marge brute d'autofinancement ;

b) l'investissement non productif (achats de locaux, de voitures de prestige, etc.) n'est pas moins dangereux. S'il ne déclenche pas de hausse du fonds de roulement normatif, il

(1) V. chapitre sur le Plan de financement.

n'augmente pas non plus la marge brute d'autofinancement. On constate que beaucoup d'entreprises se laissent séduire par ce dernier type d'investissement, ce qui les plonge souvent dans de graves difficultés financières.

Eviter le surinvestissement est une des raisons d'être du plan de financement.

2° Le surinvestissement financier : l'achat de titres de participation peut, s'il est excessif, déclencher le déséquilibre. Pourtant ce n'est pas cette première action qui est la plus dangereuse, mais plutôt celles qu'elle entraîne.

Très souvent, des sociétés mères (holdings) financent leurs filiales en difficulté en leur prêtant à long et moyen terme des sommes de plus en plus importantes. Même si, comptablement, ces prêts sont classés dans le court terme, cela peut traduire un financement à long terme. La filiale, en faillite, peut alors entraîner sa société mère dans sa chute.

II. — Hausse brutale du fonds de roulement normatif

En supposant que le fonds de roulement net ne varie pas, une hausse brutale du fonds de roulement normatif peut remettre en cause l'équilibre financier. Nous savons que le cycle d'exploitation déclenche des besoins de financement provenant du stock détenu et des créances impayées ; en revanche, ce besoin est partiellement satisfait par les dettes d'exploitation.

A. Hausse des besoins de financement

1° Stocks

L'entreprise doit financer son stock. Deux types d'événements peuvent contribuer à son augmentation.

a) Hausse en valeur

L'exemple typique, concrétisant ce type de hausse, est celui des produits pétroliers en 1975. Les sociétés pétrolières sont tenues de détenir un stock équivalent à trois mois de consommation. Lors de la multiplication du prix du pétrole brut par 2 en 1975, les sociétés pétrolières ont été obligées de financer un stock deux fois plus élevé. Cet événement accidentel peut créer le déséquilibre financier.

b) Hausse en volume

Celle-ci est souvent déclenchée par une opportunité de gain plus grande. Supposons qu'un courtier en matière première, détenant un stock de 100 tonnes de matières à 500 F la tonne (stock de 50 000 F), ait la possibilité d'acquérir 2 000 tonnes à 200 F la tonne. Le désir de réaliser une bonne affaire est évident puisque le gain est de 300 F par tonne. Supposons que ce courtier achète les 2 000 tonnes. Cela implique une dépense de 400 000 F. Le déséquilibre financier qu'entraîne cet achat s'élève alors à 350 000 F, ce qui peut être suffisant pour déclencher de graves difficultés de paiement.

2° Cycle clients-ventes

a) Hausse du chiffre d'affaires

Certaines entreprises bénéficient d'une croissance exponentielle de leur chiffre d'affaires. Si l'expansion est satisfaisante en elle-même, elle peut en contrepartie déclencher de forts déséquilibres financiers.

Il s'agit là d'une maladie symptomatique propre aux entreprises appartenant aux secteurs de pointe ou avancées technologiquement. Notons que la hausse du chiffre d'affaires est en outre accélérée par le phénomène inflationniste. La consolidation simultanée des capitaux permanents est donc une condition nécessaire de l'expansion sur un sentier d'équilibre.

b) Elargissement de la durée d'encaissement des créances

Il est clair qu'un allongement des délais de recouvrement des créances majore le fonds de roulement normatif. Il convient en conséquence de suivre avec attention les délais moyens de règlement des créances. A cette fin, les entreprises peuvent :

— accorder des remises pour règlements rapides,
— changer de clients (si cela est possible),
— établir des normes plus rigoureuses concernant les règlements,
— opter pour la T.V.A. sur les encaissements (au lieu des débits) si cela est possible,
— régler la T.V.A. par obligations cautionnées,
— mettre au point un système de facturation plus rapide,
— demander le règlement d'acomptes à la commande,
— mettre au point un système de relance client plus efficace, etc.

On constate en pratique, dans certaines entreprises, qu'une mauvaise organisation à ce niveau coûte cher et s'avère extrêmement dangereuse.

B. Eléments finançant le cycle d'exploitation

Cycle achats-fournisseurs

Les fournisseurs non réglés au comptant financent le cycle. Une accélération des règlements des dettes peut être déséquilibrante. On remarquera toutefois, que, lors d'un déséquilibre financier, les fournisseurs sont en pratique non réglés. Ce procédé est parfois systématisé, l'entreprise ne réglant ses fournisseurs que sur relance de leur part. Ce dernier moyen de rattrapage s'avère cependant difficilement applicable à moyen terme (à moins que l'entreprise ne soit le client essentiel du fournisseur impayé).

Nous avons pu examiner les éléments qui étaient susceptibles de déséquilibrer l'entreprise. Pratiquement, on constatera que les entreprises subissent simultanément plusieurs des facteurs évoqués. Signalons enfin que cette liste n'est pas exhaustive.

La pratique démontre que de nombreuses entreprises en déséquilibre financier ne « coulent » pas.

Nous examinerons donc, maintenant, les solutions retenues afin de rattraper le déséquilibre.

III. — Rattrapage du déséquilibre financier

Supposons que, pour tout ou partie des raisons énumérées précédemment, l'entreprise soit déséquilibrée financièrement.

Cette situation peut être représentée par le schéma suivant :

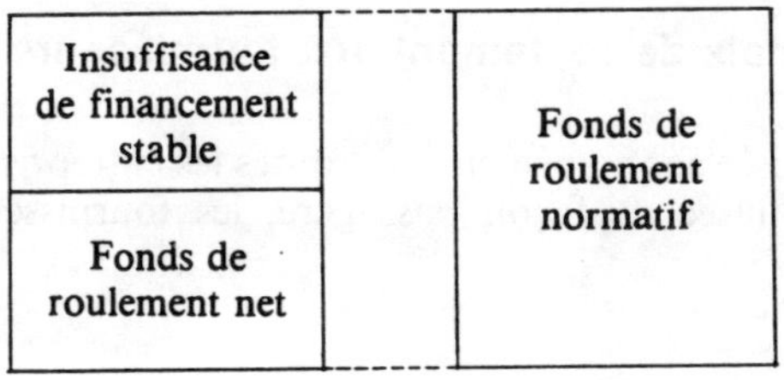

Il existe trois types de solutions permettant le rattrapage.

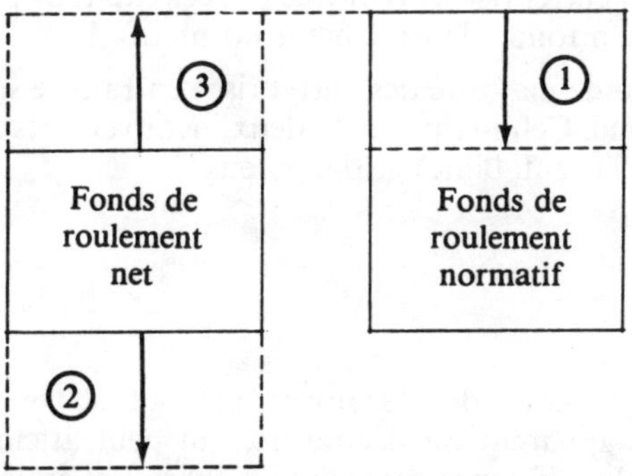

A. Première solution 1

Celle-ci consiste à diminuer le fonds de roulement normatif. Selon les différents types d'entreprise, cette solution sera plus ou moins difficile et plus ou moins durablement applicable.

1° Diminution des stocks

Cette action est dangereuse car le risque de rupture des stocks tant au niveau de la fabrication (matières premières) qu'au niveau de la vente (produits finis et marchandises) peut altérer la rentabilité de l'entreprise. Il s'agit donc d'une action utilisable exceptionnellement et pour une courte durée.

2° Réduction du chiffre d'affaires

Elle remet directement en cause la rentabilité. L'expérience démontre qu'elle n'est pratiquement jamais utilisée.

3° Raccourcissement des délais d'encaissement des créances

Nous avons évoqué plus haut les moyens qui pouvaient être mis en œuvre. Cette action est saine et sans risque. Une bonne réorganisation peut ainsi résoudre de nombreuses difficultés.

5° Allongement des délais de règlement aux fournisseurs

Cette méthode est utilisée spontanément par toutes les entreprises en difficulté. Elle ne peut cependant qu'être utilisée de façon passagère, les fournisseurs risquant alors de suspendre leurs livraisons.

B. Deuxième solution 2

Dans cette hypothèse, l'entreprise ne renforce pas ces capitaux permanents 3 et n'est pas en mesure de réduire son fonds de roulement normatif 1 .

On constate que la grande majorité des entreprises en France se tourne vers un mode de financement à court terme. Celui-ci présente deux inconvénients majeurs, car il est à la fois coûteux (altération de la rentabilité) et dangereux.

1° Découvert bancaire

Nous avons vu que le coût du découvert pouvait s'avérer extrêmement élevé. Indépendamment du taux apparent du découvert, qui peut atteindre plus de 16 %, la majoration du coût, due à la différence entre date d'opération et date de valeur, n'est pas négligeable. Dans ce dernier cas, le taux réel, peut dépasser sensiblement les 20 %. Il convient d'ajouter à ce taux la commission du plus fort découvert, limitée à 0,5 % du plus fort découvert (plafonnée à la moitié des intérêts débiteurs du mois).

Ce mode de financement est dangereux car la ligne de découvert (verbale dans la plupart des cas) peut être remise en cause. Le découvert est alors brutalement supprimé, plongeant l'entreprise dans l'état de cessation de paiements. Les raisons sont diverses : ordre de la direction générale de la banque, restriction des crédits accordés aux entreprises, manque de confiance du banquier, changement de chef d'agence, etc. Il convient de noter une jurisprudence intervenue en 1980, qui limite incontestablement le risque attaché au découvert bancaire : une banque a été condamnée à payer des dommages et intérêts à une entreprise. Les tribunaux ont estimé que la cessation de paiements dans laquelle avait été plongée cette entreprise était due au fait que la banque avait supprimé brusquement l'autorisation de découvert qui était historiquement consentie à cette société. La banque ayant accepté dans le passé d'accorder un découvert de X francs, s'était, selon les juges, engagée tacitement à la financer pour un même montant, bien qu'aucun contrat n'ait été signé entre la banque et la société. La réduction du découvert par la banque a en conséquence été sanctionnée.

Cet arrêt de la Cour d'appel est extrêmement important en ce sens qu'il remet en cause le financement des entreprises à court terme. La réplique des grandes banques a été rapide puisqu'elles ont immédiatement mis en place une politique de contrat quasi systématique, tendant à limiter le montant des découverts accordés. On en arrive ainsi au paradoxe suivant, qu'il vaut mieux pour une entreprise, ne pas avoir d'autorisation écrite de découvert, si la banque a accordé dans le passé des facilités de caisse importantes. Dans ces conditions, une autorisation de découvert écrite ne peut que limiter, sans recours juridique possible, le montant du découvert accordable.

2° Escompte

De la même manière qu'il existe une ligne de découvert (matérialisée ou non par un écrit), la banque fixe à ses clients une ligne d'escompte. Cette ligne est d'autant plus élevée que le risque attaché au papier paraît faible au banquier. Cette ligne peut (si elle n'a pas donné lieu à un écrit) être réduite, voire annulée. On conçoit aisément le risque attaché à cette procédure.

Cette méthode est également coûteuse puisque de nouveau la différence entre date d'opération et date de valeur est facturée au niveau des agios par le banquier. On constate ainsi que dans certains cas, le taux apparent de 13 % peut monter jusqu'à 18 % (taux réel).

3° Apport en compte courant

Ce mode de financement peut paraître *a priori* plus avantageux que les deux précédents. Il s'avère pourtant extrêmement coûteux.

Si les agios d'escompte et de découvert possèdent la vertu d'être fiscalement intégralement déductibles, il n'en va pas de même pour les intérêts des comptes courants d'associés dirigeants. Le Code général des impôts limite la déductibilité des intérêts des comptes courants d'associés dirigeants.

Le taux et l'assiette des intérêts fiscalement déductibles sont fixés chaque année par la loi de finance.

En ce qui concerne le montant du financement : à une fois et demi le capital social. Cette seconde limitation peut s'avérer extrêmement coûteuse pour certaines entreprises. Beaucoup de S.A.R.L. au capital de 50 000 F (minimum légal) sont financées par des apports en compte courant élevés (entre 150 000 et 600 000 F).

Les frais financiers, générés par ce financement, ne sont déductibles que pour une assiette de 75 000 F (1,5 fois le capital social de 50 000 F). Dans ces conditions, la majeure partie des frais de financement ne sont pas déductibles, ce qui multiplie presque par deux le coût du financement (impôt à 40 %).

Le danger du compte courant non bloqué provient de son exigibilité immédiate. Un apporteur peut ainsi se faire rembourser son apport du jour au lendemain, ce qui représente un danger latent pour l'entreprise.

C. Troisième solution 3

Cette méthode consiste à consolider les capitaux permanents et est de loin la plus saine. Elle est la seule à présenter un risque faible et un coût minime.

1° Augmentation de capital par apport en numéraire

Financièrement ce mode de financement présente tous les aspects de la perfection. L'entreprise n'a pas à rembourser la mise de fonds des actionnaires et ne rémunère les apports que si les bénéfices le permettent, cette dernière condition étant nécessaire mais non suffisante. En revanche, cette rémunération (dividendes versés) est nette d'impôt, donc non déductible. On comprend malgré cela le désir que manifestent les grandes entreprises pour être cotées en bourse, la cotation leur permettant d'être financées à moindre frais par des milliers de petits porteurs.

2° Augmentation de capital par apport en nature

Ce financement ne modifie pas immédiatement le fonds de roulement net puisque la hausse des capitaux propres est exactement contrebalancée par celle des immobilisations. La hausse des immobilisations peut cependant améliorer à moyen terme le niveau de la marge brute d'autofinancement. L'augmentation du fonds de roulement net ne se matérialisera alors qu'à la condition que les distributions de dividendes envisagées soient inférieures à la hausse de la marge brute d'autofinancement.

3° Emprunt à long terme (emprunt obligataire ou autre)

L'emprunt déclenche un effet de boomerang qui, en période d'inflation, est réduit et entraîne dans certains conditions des profits inflationnistes. Bien que moins avantageux que l'augmentation de capital par apports en numéraire, l'emprunt est cependant très intéressant (d'autant plus qu'il n'est pas indexé). Il présente les avantages d'être moins coûteux que le découvert ou l'escompte (taux compris entre 9 et 14 %) et d'interdire toute surprise.

4° Apport en compte courant bloqué

L'apport en compte courant bloqué est intéressant car le financement supplémentaire est stable. En revanche, du fait de la déductibilité fiscale conditionnelle des intérêts versés aux associés, son coût peut s'avérer très lourd.

En outre, le remboursement en bloc du compte courant peut fortement gêner l'entreprise.

En conclusion, nous pouvons établir un classement des moyens de redressement de la situation financière. Celui-ci n'est pas absolu et peut fort bien être remis an cause par des éléments exogènes à l'équilibre financier (événements fiscaux, économiques, juridiques, etc.). Le classement s'effectue du meilleur moyen au plus mauvais.

1. — L'augmentation de capital par apport en numéraire (ou par capitalisation de comptes courants). L'augmentation de capital par apport en nature est neutre.

2. — L'emprunt à long terme. Il semble souhaitable que l'entreprise établisse un plan de financement inflationniste.

3. — Le raccourcissement des délais d'encaissement des créances. Le règlement de la T.V.A. sur les encaissements ou par obligations cautionnées (diminution du fonds de roulement normatif).

4. — L'apport en compte courant bloqué. Celui-ci est d'autant plus intéressant que les apporteurs sont de « gros » associés ou salariés de l'entreprise. On admettra dans ces conditions, qu'ils ne remettront pas en cause la pérennité de leur entreprise.

5. — L'escompte du portefeuille.

6. — L'apport en compte courant non bloqué et le découvert bancaire.

7. — L'allongement des délais de règlement des fournisseurs.

8. — La réduction en volume du niveau des stocks et la baisse de l'activité (diminution du chiffre d'affaires).

On posera comme principe qu'au-delà du 4, l'entreprise prend des risques importants.

LE PLAN DE FINANCEMENT 6

Le plan de financement a pour objectif de préciser l'évolution des emplois et des ressources d'une entreprise sur une période portant sur les trois, quatre, cinq ou six exercices à venir.

En général, la politique d'investissement est fixée, et l'entreprise peut alors définir la totalité de ses emplois, puis les ressources nécessaires afin que soit préservé son équilibre financier.

Préalablement à l'examen de l'élaboration du plan, nous rappellerons brièvement toutes les notions économiques et financières qui y seront intégrées.

I. — Rappel des notions économiques et financières

1° Equilibre financier

Celui-ci est fondé sur l'inéquation suivante : le financement permanent doit être supérieur ou égal aux besoins engendrés par les investissements et le cycle d'exploitation.

Autrement dit, les capitaux permanents de l'entreprise (capitaux propres + emprunts à long terme) doivent être supérieurs ou égaux aux investissements nets des amortissements, additionnés au fonds de roulement normatif.

Le graphique suivant illustre ce principe :

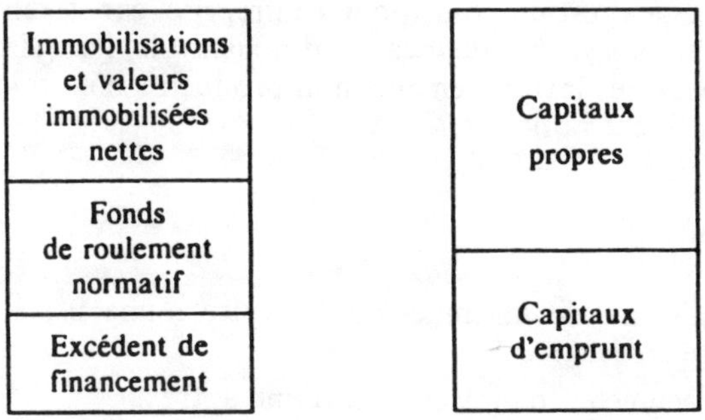

Selon ce premier schéma, l'équilibre financier est réalisé puisque la masse des ressources permanentes et stables est supérieure aux besoins permanents de l'entreprise. L'écart favorable représente l'excédent de financement, autorisant des investissements supplémentaires ou permettant d'absorber une hausse d'activité.

Le même raisonnement peut être appliqué aux immobilisations et aux valeurs immobilisées brutes.

Le schéma est alors le suivant :

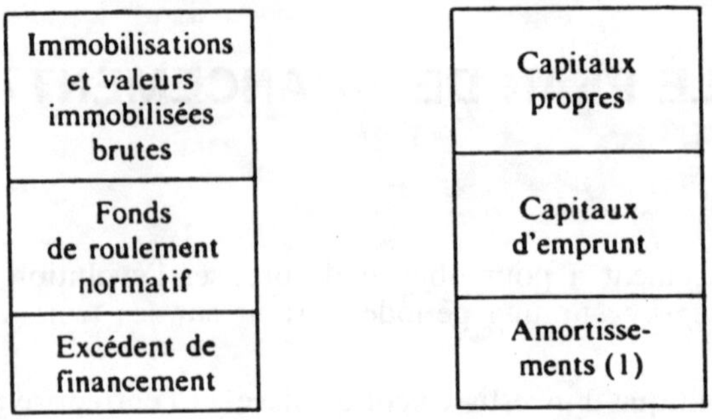

Cette seconde présentation apporte, en période d'inflation, une information supplémentaire.

Nous constatons que l'excédent de financement est exactement le même que précédemment.

Tous les éléments représentés vont évoluer au cours du temps, risquant de déclencher le déséquilibre financier.

2° Immobilisations et valeurs immobilisées

L'entreprise est tenue d'acquérir de nouvelles immobilisations (remplaçant ou non les anciennes). La politique d'investissement sera donc préétablie et représentera la première donnée du plan de financement.

Il convient de distinguer les investissements selon qu'ils sont productifs ou non.

a) Investissements non productifs

Ce type d'investissement est un poids pour l'entreprise, car sa rentabilité est nulle. A titre d'exemple, nous citerons l'achat de locaux administratifs, l'acquisition de voitures de fonction, etc. En revanche, les investissements non productifs n'entraînent pas d'augmentation du fonds de roulement normatif.

b) Investissements productifs

Il s'agit de l'acquisition de machines-outils, voire d'une usine. A ce stade, deux possibilités peuvent être envisagées :

1) Achat d'une machine en remplacement d'une autre ;
2) Achat d'une machine supplémentaire.

Dans la première hypothèse, le niveau d'activité n'est pas modifié, à moins que l'équipement de remplacement soit beaucoup plus performant. Si cette dernière proposition n'est pas retenue, la production ne s'élève pas, ce qui implique que le chiffre d'affaires est invariant, ainsi que le fonds de roulement normatif.

Dans la seconde hypothèse, l'entreprise augmente sa capacité de production, donc son chiffre d'affaires. Le fonds de roulement normatif va ainsi s'élever.

En outre, le bénéfice va également augmenter, entraînant une hausse directe de la marge brute d'autofinancement. L'entreprise devra donc faire face à une hausse du fonds de roulement normatif, mais elle bénéficiera en revanche d'un autofinancement plus élevé. Le plan de financement va mettre en évidence le poids de chacun de ces éléments.

3° Capitaux permanents

a) Capitaux propres

Leur augmentation peut être due au bénéfice mis en réserve, à une augmentation de capital en numéraire, à des subventions d'équipement. Ils peuvent également bénéficier d'une hausse fictive due à un écart de réévaluation.

b) Capitaux d'emprunt

Ceux-ci vont croître selon que l'entreprise a lancé un emprunt obligation ou emprunté à long terme à un établissement financier. Au niveau du plan de financement, les emprunts seront classés en ressources, tandis que le remboursement de l'annuité apparaîtra en emplois.

II. — Plan de financement

Le plan de financement va ainsi mettre en évidence un certain nombre de données prévisionnelles.

D'une part, les emplois (besoins), c'est-à-dire :

— les investissements nécessaires ou envisagés (en valeur brute) ;
— l'augmentation du fonds de roulement normatif qui en résulte ;
— le remboursement des emprunts qui financent les investissements.

• les capitaux permanents supplémentaires nécessaires, à savoir :

— la marge brute d'autofinancement,
— les emprunts supplémentaires.

• les autres ressources, à savoir :

— les désinvestissements,
— le remboursement de prêts, etc.

Si la différence ressources — emplois, est positive au cours du temps, l'entreprise est en équilibre financier ; il est alors *a priori* possible de distribuer des dividendes.

Afin de mieux appréhender le principe du plan de financement, notre raisonnement sera illustré par un exemple chiffré.

La logique du plan sera divisée en quatre phases d'élaboration :

1° La connaissance de la situation de départ.
2° La détermination des besoins directs (emplois en investissements et en fonds de roulement normatif).

3° La détermination des ressources nécessaires à la satisfaction des besoins, compte tenu de l'effet de boomerang (emplois induits par le financement).

4° Ce schéma de plan sera alors examiné et critiqué, puis amélioré, compte tenu des données exogènes (notamment la distribution de dividendes).

1° Connaissance de la situation de départ

La société ABC, société anonyme au capital de 5 000 000 F, a envisagé la politique d'investissement suivante pour les cinq années à venir (de 19n à 19n + 4 inclus).

19n : construction d'une nouvelle usine (la deuxième) ; coût : 3 000 000 F.

19n + 2 : nouveaux locaux administratifs ; coût : 2 000 000 F.

19n + 3 : construction d'une troisième usine ; coût : 3 500 000 F.

La construction de chacune des deux usines devrait augmenter la capacité de production de 30 %.

Au 31/12/19n − 1 la situation financière de ABC se présente comme suit :

Capital social	5 000 000 F
Réserves	4 000 000 F
Emprunts à long terme (taux de remboursement : 10 % l'an)	2 000 000 F
Capitaux permanents	11 000 000 F
Immobilisations (nettes) :	
Locaux administratifs	1 000 000 F
Usines et machines	2 500 000 F
Autres immobilisations	500 000 F
Titres de participations	2 500 000 F
Valeurs immobilisées nettes	6 500 000 F

Fonds de roulement net : 11 000 000 − 6 500 000 = 4 500 000 F.

Des calculs effectués permettent de situer le fonds de roulement normatif à un mois de chiffre d'affaires hors taxe, soit environ 6 000 000 F.

Le chiffre d'affaires 19n − 1 est de 72 000 000 F.

Nous constatons dans un premier temps que la société ABC est en déséquilibre financier pour 6 000 000 − 4 500 000 = 1 500 000 F. Le plan de financement dont nous allons définir les emplois à venir devra intégrer cette insuffisance. Notons que ce calcul préliminaire est souvent oublié dans la pratique, ce qui entraîne des surprises financières malgré l'exactitude des prévisions envisagées.

2° Détermination des besoins directs

Nous avons supposé que les usines étaient construites et achevées au début d'exercice, ce qui impliquait une hausse du fonds de roulement normatif au cours de ce même exercice. Il aurait été possible de poser comme hypothèse, que la construction de chacune des usines était effectuée au cours de l'exercice, et que l'augmentation du fonds de roulement normatif apparaissait au cours de l'exercice suivant.

Nous avons également admis que la hausse de 30 % s'appliquait à l'activité déjà existante.

Les besoins étant définis, il convient maintenant de déterminer les différents modes de financement. Ceux-ci sont fonction de la rentabilité de l'entreprise et de sa situation vis-à-vis des tiers (actionnaires, banque, prêteurs divers, etc.).

Besoins (emplois)	19n	19n + 1	19n + 2	19n + 3	19n + 4
Investissements prévus					
2e usine	3 000 000				
Locaux administratifs			2 000 000		
3e usine				3 500 000	
Augmentation du fonds de roulement normatif					
Besoin insatisfait au départ	1 500 000				
Besoin engendré par la deuxième usine (1)	1 800 000				
Besoin engendré par la troisième usine (2)				2 340 000	
Total	6 300 000	0	2 000 000	5 840 000	0

(1) Le besoin engendré par l'usine construite en 19n va se manifester en 19n car, à l'issue de cette période, la production va être augmentée de 30 % ainsi que le chiffre d'affaires et, par conséquent, le fonds de roulement normatif. Il faut donc prévoir en 19n une augmentation des besoins de 30 % × 6 000 000 = 1 800 000 F.
Le nouveau fonds de roulement normatif s'élève à 7 800 000 F (6 000 000 + 1 800 000).
(2) Selon le même principe, le besoin engendré par la troisième usine construite en début d'exercice (début 19n + 3) va entraîner une augmentation en 19n + 3 de l'activité de 30 % et, par induction, la hausse du fonds de roulement normatif sera de 30 % × 7 800 000 = 2 340 000 F.

Les bénéfices nets comptables réalisés par la société ABC sont réguliers et s'élèvent depuis cinq ans à 1 000 000 F en moyenne. Les prévisions de la direction sont les suivantes (avant frais financiers) :

	19n	19n + 1	19n + 2	19n + 3	19n + 4
Bénéfices prévus	1 200 000	1 300 000	1 600 000	1 600 000	1 600 000
Dotations aux amortissements prévus	300 000	300 000	450 000	550 000	550 000
Marge brute d'autofinancement	1 500 000	1 600 000	2 050 000	2 150 000	2 150 000

Nous avons supposé qu'il n'y avait pas de provision à caractère de réserve.

Nous constatons que les dotations aux amortissements augmentent du fait des nouveaux investissements réalisés.

Enfin, si nous comparons les besoins à la marge brute d'autofinancement, nous constatons l'insuffisance de celle-ci.

	19n	19n + 1	19n + 2	19n + 3	19n + 4
Besoins	6 300 000	0	2 000 000	5 840 000	0
Marge brute d'autofinancement ...	1 500 000	1 600 000	2 050 000	2 150 000	2 150 000
Excédent		1 600 000	50 000		2 150 000
Insuffisance	4 800 000			3 690 000	
Cumulé	– 4 800 000	– 3 200 000	– 3 150 000	– 6 840 000	– 4 690 000

La ligne « cumulé » montre que l'insuffisance de financement est continue, qu'elle est au minimum de 3 150 000 F (19n + 2), et au maximum de 6 840 000 (19n + 3).

3° Détermination des ressources nécessaires

a) Augmentation des fonds propres

L'entreprise, ne pouvant autofinancer sa politique prévisionnelle, doit en conséquence rechercher un financement complémentaire.

Les comptes courants des associés de la société ABC s'élèvent à la fin de l'exercice 19n − 1 à 3 000 000 F. Le président pense qu'il n'y aura pas de difficultés à convaincre les associés intéressés d'augmenter le capital social par incorporation des comptes courants. Cette augmentation ne sera passible que d'un droit d'enregistrement fixe (les conditions fiscales prévues pour bénéficier de cet avantage étant remplies).

La ligne « cumulé » du tableau précédent est alors modifié comme suit :

	19n	19n + 1	19n + 2	19n + 3	19n + 4
Cumulé	– 1 800 000	– 200 000	– 150 000	– 3 840 000	– 1 690 000

On constate que l'insuffisance de financement se manifeste de façon permanente. La pointe la plus élevée est de 3 840 000 F en 19n + 3, la plus basse apparaît en 19n + 2 et s'élève à 150 000 F.

Plusieurs solutions peuvent être envisagées :

La meilleure serait évidemment un supplément d'augmentation de capital d'environ 1 800 000 F (4 800 000 F au total). Le président de la ABC ne pense pas que les actionnaires souscriront, du fait qu'il envisage de ne pas distribuer de dividendes en 19n, 19n + 1, 19n + 2 et 19n + 3.

La solution la plus cohérente lui paraît donc être un emprunt.

b) Augmantation des emprunts (effet de boomerang)

Le léger déséquilibre de 19n + 2 (150 000 F) est négligé. Le plan de financement ne doit pas faire apparaître de pointes importantes, car le déséquilibre peut devenir irréversible ; les chiffres apparaissant sur la ligne « cumulé » doivent être supérieurs ou égaux à zéro (à la limite, très légèrement inférieurs à zéro).

Supposons que ABC souhaite contracter un ou plusieurs emprunts ; cette hypothèse est possible du fait que le ratio :

$$\frac{\text{Capitaux propres}}{\text{Capitaux permanents}} = \frac{12\,000\,000}{14\,000\,000}, \text{ soit } 85,7\ \%,$$

est très supérieur à 50 %. En valeur, la possibilité théorique d'emprunt (règle de 50/50) est de 10 000 000 F supplémentaires.

En outre, le premier emprunt de 2 000 000 F n'a pas été pris en compte.

Supposons que le remboursement du premier emprunt s'effectue sur quatre ans, à concurrence de 500 000 F par an. Les frais financiers, s'élevant à 10 %, ne sont pris en compte que pour 50 % (*), du fait de l'économie d'impôt sur les sociétés qu'ils entraînent.

(*) Dans un souci de simplification, l'impôt sur les sociétés sera retenu pour 50 % (ancien taux d'imposition).

La société envisage deux emprunts.

1° Un premier emprunt de 1 500 000 F en 19n (début d'exercice), par amortissement constant sur trois ans à 12 %.

Le tableau de cet emprunt se présente comme suit :

	Emprunt	Remboursement	Intérêts	Annuités
19n + 1	1 500 000	500 000	180 000	680 000
19n + 2	1 000 000	500 000	120 000	620 000
19n + 3	500 000	500 000	60 000	560 000

2° Un second emprunt de 3 000 000 F en 19n + 3 (début d'exercice), remboursable sur trois ans par amortissements constants au taux de 12 %. Le tableau de cet emprunt se présente comme suit :

	Emprunt	Remboursement	Intérêts	Annuités
19n + 4	3 000 000	1 000 000	360 000	1 360 000
19n + 5	2 000 000	1 000 000	240 000	1 240 000
19n + 6	1 000 000	1 000 000	120 000	1 120 000

Deux possibilités de présentation peuvent être envisagées :

Première possibilité : la marge brute d'autofinancement est diminuée de la moitié des frais financiers, en raison de la déductibilité fiscale de ceux-ci.

Deuxième possibilité : on retient en emplois le remboursement majoré de la moitié des frais financiers sur emprunt pour la même raison que précédemment (incidence de l'I.S. à 50 %).

Les deux options sont admises.

Afin d'éviter de faire apparaître des ressources en moins, la seconde méthode sera retenue.

Les charges financières nettes d'impôt s'élèvent pour le premier emprunt à 90 000 F, 60 000 F et 30 000 F, respectivement en 19n + 1, 19n + 2 et 19n + 3, et, pour le second emprunt, à 180 000 F, 120 000 F et 60 000 F, respectivement en 19n + 4, 19n + 6, auxquelles s'ajoutent les remboursements des emprunts.

A ce stade, le plan de financement se présente comme suit, sur sept ans :

On constate :

— que l'équilibre financier est pratiquement rétablie en 19n + 6 (− 180 000 F) ;
— que nous avons un déséquilibre financier important (supérieur à 1 000 000 F) ; en 19n + 2 (1 525 000 F), 19n + 3 (3 270 000 F), 19n + 4 (2 300 000 F) et 19n + 5 (1 270 000 F) ;
— que si l'entreprise se finance alors à court terme (compte courant, découvert, ou escompte), les charges financières élevées pénaliseront la marge brute d'autofinancement et accroîtront le déséquilibre financier final de − 180 000 F.

Emplois (besoins)	19n	19n + 1	19n + 2	19n + 3	19n + 4	19n + 5	19n + 6
Investissements	3 000 000		2 000 000	3 500 000			
Fonds de roulement normatif	1 500 000						
Fonds de roulement normatif	1 800 000			2 340 000			
Remboursement des emprunts							
Emprunts n° 1 (taux 10 %) (origine)	600 000	575 000	550 000	525 000			
Emprunt n° 2 .... (1981)		590 000	560 000	530 000			
Emprunt n° 3 .... (1984)					1 180 000	1 120 000	1 060 000
Remboursement + 50 % des frais financiers							
Total des emplois	6 900 000	1 165 000	3 110 000	6 895 000	1 180 000	1 120 000	1 060 000

Ressources	19n	19n + 1	19n + 2	19n + 3	19n + 4	19n + 5	19n + 6
Marge brute d'autofinancement	1 500 000	1 600 000	2 050 000	2 150 000	2 150 000	2 150 000	2 150 000
Augmentation de capital	3 000 000	—	—	—	—	—	—
Emprunt 1981	1 500 000						
Emprunt 1984				3 000 000			
Total des ressources	6 000 000	1 600 000	2 050 000	5 150 000	2 150 000	2 150 000	2 150 000
Total des emplois	6 900 000	1 665 000	3 110 000	6 895 000	1 180 000	1 120 000	1 060 000
Excédent		+ 435 000			+ 970 000		
Insuffisance	– 900 000		– 1 060 000	– 1 745 000		1 030 000	+ 1 090 000
Cumulé	– 900 000	– 465 000	– 1 525 000	– 3 270 000	– 2 300 000	– 1 270 000	– 180 000

4° *Examen critique du plan*

Un grand nombre de solutions peuvent être apportées à cette situation prévisionnelle. Nous évoquerons les différents axes de raisonnement possibles.

a) Politique agissant sur les emplois

Il est possible de modifier la politique d'investissement prévue, dans la mesure où la société ne trouve pas le financement nécessaire.

La direction de la ABC peut envisager alors une politique d'investissement plus modeste. Il lui est possible, par exemple, de renoncer aux nouveaux locaux administratifs. Dans cette hypothèse, les emplois de 2 000 000 F en 19n + 2 diminuent d'autant. La dernière ligne du plan (cumulé) se présente alors comme suit :

	19n	19n + 1	19n + 2	19n + 3	19n + 4	19n + 5	19n + 6
Cumulé	− 900 000 (inchangé)	− 465 000 (inchangé)	+ 475 000	− 1 270 000	− 300 000	+ 730 000	+ 1 820 000

On constate désormais que l'équilibre est rétabli en 19n + 2, 19n + 5, 19n + 6. Les équilibres provisoires de 19n + 3 et 19n + 4, bien que résorbés en 19n + 5 sont malgré tout importants.

Enfin, les excédents apparaissant autorisent une distribution de dividendes pouvant être au maximum de 1 820 000 F portant sur les sept ans à venir. Théoriquement, nous écrirons que le dernier chiffre apparaissant sur la ligne « cumulé » (1 820 000 F) représente la capacité de distribution de dividendes de la période (sept ans).

En admettant que le président de la ABC souhaite encourager l'augmentation de capital en promettant aux actionnaires un dividende, ce dernier ne pourra être supérieur à 1 820 000/7, soit 260 000 F par an ; ce qui, rapporté au capital social investi, représente :

$$\frac{260\,000}{8\,000\,000}, \quad \text{soit } 3{,}25\ \%.$$

On peut calculer également ce ratio par rapport à l'ensemble des capitaux propres investis :

$$\frac{260\,000}{11\,000\,000}, \quad \text{soit } 2{,}36\ \%.$$

Nous constatons que la rentabilité financière de la firme est faible et qu'une distribution de dividendes supérieure à 3,25 % du capital social est un maximum à ne pas dépasser. Enfin, le plan démontre qu'il serait particulièrement mal venu de distribuer des dividendes avant l'exercice 19n + 5.

On peut également envisager de ne pas construire la troisième usine, ce qui réduira les besoins en 19n + 3 de 5 840 000 F (investissement + hausse du besoin en fonds de roulement). La société ABC sera alors dispensée d'emprunter et de rembourser les emprunts de 1 500 000 F et 3 000 000 F. En revanche, la marge brute d'autofinancement diminuera, car le bénéfice sera réduit en raison de l'absence de hausse d'activité (due à la troisième usine).

b) Politique agissant sur les ressources (la politique d'investissement est inchangée)

L'entreprise peut envisager une seconde augmentation de capital en 19n + 2, en remplacement de l'emprunt de 3 000 000 F de 19n + 3. L'effet de boomerang (emprunt-remboursement) est alors supprimé pour l'emprunt n° 3. Cette solution est très avantageuse pour la société, en revanche, elle l'est nettement moins pour les actionnaires. Selon cette hypothèse, le plan synthétique se présentera comme suit :

Nous constatons que :

— le déséquilibre est élevé en 19n + 3 et 19n + 4 (respectivement 3 270 000 F et 1 120 000 F) ;

— il est désormais possible d'abréger le plan à six ans (au lieu de sept), car la situation est financièrement équilibrée en 19n + 5 et traduit une capacité de distribution de 1 030 000 F sur la période de six ans ;

— la distribution maximale rapportée à un exercice s'élève à 1 030 000/6, soit 171 666 F par an.

Emplois	19n	19n + 1	19n + 2	19n + 3	19n + 4	19n + 5
Investissements	3 000 000		2 000 000	3 500 000		
Fonds de roulement normatif	1 500 000					
Fonds de roulement normatif	1 800 000			2 340 000		
Remboursement :						
Emprunt n° 1 (origine)	600 000	575 000	550 000	525 000		
Emprunt n° 2 (1981)		590 000	560 000	530 000		
Total emplois	6 900 000	1 165 000	3 110 000	6 895 000	0	0
Ressources						
Marge brute d'autofinancement	1 500 000	1 600 000	2 050 000	2 150 000	2 150 000	2 150 000
Augmentations de capital	3 000 000		3 000 000			
Emprunt n° 2 (1981)	1 500 000					
Total ressources	6 000 000	1 600 000	5 050 000	2 150 000	2 150 000	2 150 000
Insuffisance	900 000			4 745 000		
Excédent		435 000	1 940 000		2 150 000	2 150 000
Cumulé	– 900 000	– 465 000	+1 475 000	–3 270 000	–1 120 000	+1 030 000

Ce qui, rapporté au capital social investi, nous donne :

$$\frac{171\,666}{11\,000\,000} = 1{,}56\ \%, \text{ rentabilité très faible.}$$

En prenant au dénominateur l'ensemble des capitaux propres, soit :

Capital social	11 000 000		
Réserves	4 000 000		
Résultats reportés	8 900 000	19n	1 200 000
		19n + 1	1 300 000
		19n + 2	1 600 000
		19n + 3	1 600 000
		19n + 4	1 600 000
		19n + 5	1 600 000
	23 900 000		

Le taux de rentabilité des capitaux propres investis est de :

$$\frac{171\,666}{23\,900\,000} = 0{,}72\ \%, \text{ rentabilité très faible (inférieure à 1 \%).}$$

Selon ce dernier plan, il paraît peu vraisemblable que les actionnaires accepteront d'augmenter le capital au-delà de leur apport en compte courant, la rentabilité obtenue étant trop faible.

La solution d'emprunt complémentaire semble meilleure et plus facilement réalisable, grâce à un effet de levier légèrement favorable.

La renonciation à l'achat de locaux administratifs semble néanmoins la solution la plus raisonnable.

Enfin, des solutions intermédiaires peuvent également être envisagées.

5° Conclusions

Nous avons pu constater, au cours de cet exemple chiffré, que l'équilibre financier prévisionnel, synthétisé par le plan de financement, était influencé par des contraintes économiques et financières. .

a) Déséquilibre de départ

Nous avons vu que la société ABC était pénalisée à l'origine par un déséquilibre financier chiffré à 1 500 000 F. L'entreprise devait, en conséquence, trouver un financement de rattrapage du même montant, qui risquait de freiner son expansion sur un sentier d'équilibre.

En pratique, les financiers n'intègrent pas (ou rarement) l'insuffisance ou l'excédent originel de financement, ce qui conduit à des plans optimistes ou pessimistes, sans relation avec la réalité.

La prise en compte de la situation financière de base est le fondement d'un plan cohérent et utile.

b) Effet de boomerang

L'emprunt est un moyen de financement classique et beaucoup d'entreprises y ont recours. Il convient cependant de tenir compte de l'effet de booomerang. Si l'emprunt est en lui-même une ressource, il crée d'une manière différée des emplois (remboursement + 50 % des frais financiers).

Dans le cas de la société ABC, la situation de départ faisait apparaître un emprunt de 2 000 000 F qui ne pouvait s'intégrer au plan du fait de son antériorité. En revanche, l'effet de boomerang jouait, et les décaissements entraînés par cet emprunt augmentaient sensiblement les emplois.

c) Augmentation de capital

Celle-ci présente l'avantage financier inconstestable de ne pas déclencher d'effet de boomerang. La rémunération de ce financement n'intervient que si les bénéfices le permettent. Il ne faut cependant pas perdre de vue que la souscription des actionnaires est une fonction partielle de la distribution de dividendes prévue. Nous avons pu constater, dans l'exemple ABC, que la rémunération des capitaux empruntés était très faible (dans tous les cas inférieure à 4 %). Afin de diminuer l'influence de cet élément défavorable, certaines sociétés distribuent l'intégralité du bénéfice, puis les actionnaires augmentent le capital avec ce même bénéfice. Ce procédé leur permet de bénéficier de l'avoir fiscal.

d) Politique d'investissement prévue

La politique d'investissement prévue par la ABC était ambitieuse. Son patrimoine immobilisé d'origine, s'élevant à 6 500 000 F, augmentait au cours des cinq années de 8 500 000 F. Cela explique les difficultés rencontrées pour équilibrer le plan.

Nous avons également admis comme hypothèse de base qu'aucune immobilisation n'était renouvelée au cours de la période. Il s'agit là d'une vue de l'esprit incompatible avec la réalité. La politique d'investissement doit donc être précédée d'un examen des immobilisations susceptibles d'être remplacées au cours de la période. A défaut, l'insuffisance de financement peut se manifester malgré un plan favorable.

e) Marge d'autofinancement

Nous avons admis, dans l'exemple ABC, que les bénéfices nets d'impôt passeraient de 1 200 000 F en 19n à 1 600 000 F en 19n + 4. Nous avons donc raisonné en avenir certain. Une récession économique (externe à l'entreprise), une grève, de nouveaux concurrents, peuvent remettre en cause la rentabilité de l'entreprise et, par répercussion, la marge brute d'autofinancement. Une marge de sécurité doit ainsi être prévue.

Le plan suit donc une logique circulaire, puisque l'élaboration du plan peut entraîner une modification de la politique d'investissement. Cette logique peut être illustrée par le schéma chronologique circulaire suivant :

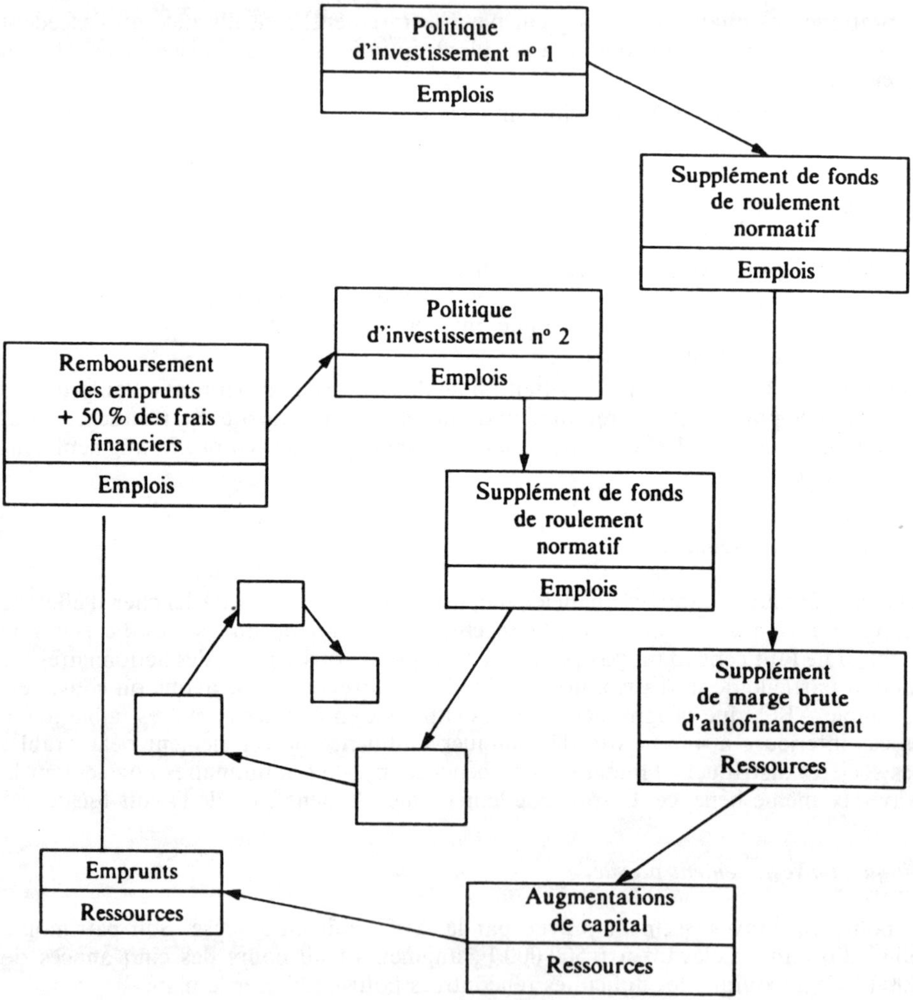

Seule l'élaboration du plan par tâtonnements permet alors d'envisager une politique d'investissement cohérente, compatible avec l'aptitude de l'entreprise à se procurer des ressources.

LE FINANCEMENT DES ENTREPRISES 7

Sur le plan théorique la politique financière de l'entreprise est très claire : l'entreprise doit financer avec ses capitaux permanents, ses investissements et le besoin de financement généré par le cycle d'exploitation. Autrement exprimé, les capitaux permanents doivent, en principe, être supérieurs ou égaux à la somme des investissements et du fonds de roulement normatif. Dans la situation inverse le déséquilibre financier se concrétiserait et la perennité de l'exploitation pourrait être menacée. Il faut cependant admettre que ce raisonnement économique est rigide et ainsi peut ne pas toujours s'appliquer à la réalité pratique des affaires. Nous examinerons donc au cours de ce chapitre tous les problèmes liés au financement des entreprises et les solutions qui peuvent y remédier.

le financement par fonds propres

Les fonds propres de l'entreprise sont constitués par l'agrégat des capitaux propres (capital social + réserves + bénéfice de l'exercice + provisions réglementées). Les fonds propres augmentent chaque année des bénéfices de l'exercice (ou sont réduits par les pertes) et diminuent avec les distributions de dividendes versées par l'entreprise. Les fonds propres représentent la ressource à long terme la plus sûre et la théorie financière classique invite les entreprises à consolider la masse des capitaux propres. Cette mesure est la plus saine mais se trouve être en contradiction avec les désirs des associés (actionnaires ou porteurs de parts) soucieux d'encaisser des dividendes afin de rémunérer convenablement les capitaux qu'ils ont personnellement investis.

La hausse du financement par fonds propres peut se réaliser selon les procédures que nous allons maintenant examiner.

I. — Mise en réserve du résultat de l'exercice

Il s'agit là du procédé le plus classique et le plus sain. Doit-on ou non distribuer ?

Sur le plan financier la distribution (ou mise en réserve) obéit aux lois suivantes :

1) Dans quelle situation ne doit-on jamais distribuer ?

— Lorsque l'entreprise a subi des pertes antérieures importantes. (On constatera comptablement que le report à nouveau est débiteur ; il apparaît au passif avec le signe moins et signifie que les fonds propres originellement apportés et créés sont réduits de ce même report à nouveau.)

— Lorsque l'année en cours est difficile sur le plan de la rentabilité et de l'exploitation. Les bénéfices étant connus lors de l'arrêté des comptes c'est-à-dire au cours du quatrième mois qui suit la clôture de l'exercice, cela serait une erreur dangereuse de distribuer les profits de l'année passée alors que la situation de l'exercice en cours se dégrade.

— Lorsque l'entreprise connaît une forte croissance matérialisée par le gonflement exponentiel du chiffre d'affaires, l'expansion engendre une hausse du besoin en fonds de roulement (fonds de roulement normatif) ; ce dernier doit être si possible financé par des capitaux stables et des distributions de dividendes importantes peuvent déséquilibrer l'entreprise jusqu'à la cessation des paiements alors que celle-ci se développait favorablement.

— Lorsque l'entreprise a prévu de se lancer dans un programme d'investissement important.

2) Quand peut-on distribuer ?

— Lorsque les conditions évoquées ci-dessus ne sont pas réunies. D'une façon générale lorsque l'entreprise n'est pas, ou ne risque pas d'être dans une situation de déséquilibre financier.

— Stratégiquement la direction peut être amenée à distribuer des dividendes afin de mieux préparer une augmentation de capital en numéraire ; les actionnaires rassurés par la régularité de la rémunération de leurs capitaux y souscrivant plus facilement.

L'augmentation de capital en numéraire

L'augmentation de capital en numéraire est le procédé idéal pour consolider les capitaux permanents de l'entreprise : les associés apportent de l'argent sans demander un éventuel remboursement. La rémunération de cet argent est liée à la capacité bénéficiaire de l'entreprise et les éventuelles distributions de bénéfices dépendent du bon vouloir de la majorité. Que peut-on imaginer de mieux qu'un financement non remboursable et dont la probabilité de gratuité est élevée ?

Pour les sociétés cotées en bourse, les augmentations de capital sont souvent largement soucrites par les petits porteurs. Cette attitude résulte plus de l'espoir que les porteurs ont de réaliser des plus values importantes que de celui d'encaisser des dividendes.

Sur le plan économique ce système est tellement performant qu'il est possible pour une société cotée d'émettre des actions sans droit de vote. Celles-ci ont les mêmes avantages que les précédentes sans que l'absence de vote représente un inconvénient important.

L'augmentation de capital peut être réservée aux salariés de l'entreprise et de nombreux textes législatifs règlementent avantageusement pour les employés et pour l'entreprise (exonérations fiscales diverses) cette procédure.

Enfin, il est juridiquement possible d'émettre des actions à titre de dividendes. Ce procédé existait préalablement mais d'une façon différente : la société distribuait l'intégralité du bénéfice à ses actionnaires qui bénéficiaient ainsi de l'avoir fiscal. Les actionnaires réinjectaient ensuite l'intégralité de leurs dividendes nets d'impôts dans la société.

Afin de réduire ces mouvements de fonds, il est désormais possible de payer les dividendes en créant des actions nouvelles.

Les fonds communs de placement à risques, réservés à une époque aux sociétés cotées, ont été étendus aux sociétés non cotées. Un fonds commun de placement est une entité économique divisée en parts dont l'objet est d'acquérir des titres. Ces achats de titres ouvrent la voie aux augmentations de capital.

Les aides provenant d'organismes publics ou para publics

L'état s'est toujours soucié de consolider les capitaux propres des entreprises en acquérant une partie du capital de celles-ci (les sociétés de développement régional dite

S.D.R. existent depuis 1955). Les S.D.R. prennent des participations dans des entreprises qui ont besoin d'être aidées car leur chute ou leur faiblesse risqueraient de mettre en péril la région.

Parallèlement aux S.D.R., l'institut de développement industriel (I.D.I.) et les sociétés financières régionales, professionnelles ou d'innovation ont pour principales fonctions d'aider les entreprises.

Les aides fournies par ces différents organismes se présentent principalement sous quatre formes :

— participation en capital
— émission d'obligations convertibles
— avances en comptes courants
— prêts participatifs (rémunérés selon les profits dégagés par l'entreprise).

les financements externes (autres que les emprunts)

— Les comptes courants d'associés.

Les apports en compte courant effectués par les associés présentent l'avantage d'aider l'entreprise, mais soulève le risque de la déséquilibrer lors du remboursement en bloc du compte courant.

On distingue les comptes courants bloqués pendant une période suffisamment longue (2 ou 3 ans), assimilables à des capitaux permanents, de ceux qui ne le sont pas et doivent être considérés comme un financement à court terme au même titre qu'un découvert bancaire.

L'apport en compte courant peut être assorti d'une clause de non remboursement si un risque se produit ou si les fonds propres n'ont pas atteint un certain niveau ou bien d'une clause de remboursement en dernier rang (ce financement est alors identique à un prêt participatif).

Les prêts participatifs

Les prêts participatifs présentent les caractéristiques suivantes :

— Ils sont à long terme.
— Ils représentent des créances de dernier rang (ils sont remboursés après tous les créanciers mais avant les actionnaires).
— Ils sont rémunérés en partie selon un taux fixe, pour le reste selon les résultats de l'entreprise.

Les titres participatifs

Ce financement est particulier car il est réservé aux Sociétés du secteur public et aux coopératives (sous forme de Sociétés anonymes). Ces titres sont remboursables partiellement ou en totalité après un délai minimal de sept ans et en cas de liquidation de la Société.

Les obligations avec bons de souscription d'actions (O.B.S.A.)

Il s'agit d'un procédé relativement nouveau : un droit à souscrire un certain nombre d'actions est attaché aux obligations. Ce système est différent des obligations convertibles ou échangeables car alors, le souscripteur doit opter pour la qualité d'obligataire ou d'actionnaire. Désormais on peut donc être, par ce biais, actionnaire sans perdre les avantages réservés à l'obligataire.

Les obligations convertibles ou échangeables contre des actions.

Les obligations convertibles ou échangeables contre des actions.

Ce procédé est particulièrement séduisant pour les sociétés cotées (auxquelles ce financement est réservé) car elles peuvent attirer aussi les futurs porteurs par le marché obligatoire (le souscripteur d'obligation sera remboursé par la Société) afin de les transformer en actionnaires et de bénéficier ainsi de capitaux non remboursables.

La différence entre les obligations convertibles ou échangeables est la suivante :

Dans le cas d'obligations convertibles, la conversion déclenche au fur et à mesure une augmentation de capital. Ce procédé souple est très utilisé car les obligataires peuvent souhaiter devenir actionnaires si les affaires de la Société leur paraissent florissantes.

A l'origine de la loi on émettait les obligations et on augmentait en une seule fois le capital social (et non pas au fur et à mesure comme précédemment) afin que l'échange puisse se réaliser avec les nouvelles actions. Ce procédé a évolué en ce sens que l'échange peut avoir lieu avec des actions déjà créées au moment de l'émission des obligations. Cette méthode plus facilement utilisable par les sociétés mères et filiales (car il faut souscrire en bloc) n'a cependant aucun succès ; la formule de la convertibilité étant préférée en raison de sa souplesse.

La participation des salariés aux fruits de l'expansion

Certaines entreprises sont tenues d'intéresser leur personnel (effectif supérieur à cent salariés). Une réserve spéciale de participation est dotée (cela signifie qu'elle est prélevée sur les bénéfices). Cette dotation annuelle est calculée selon la formule suivante :

$$R = \frac{1}{2}\left(B - \frac{5C}{100}\right) \times \frac{S}{VA}$$

B = Bénéfice net d'impôt sur les sociétés de l'exercice
C = Capitaux propres (capital libéré, primes d'émission, réserves et provisions réglementées).
S = Salaires de l'entreprise (il s'agit de salaires bruts + avantages en nature).
VA = Valeur Ajoutée (Production – Consommation ; on se référera aux soldes intermédiaires de gestion).

Cette formule n'est pas aussi « bizarre » qu'elle peut paraître.

Le législateur a estimé logique que les capitaux propres soient rémunérés au taux de 5 % ; le bénéfice a été amputé de cette somme. La différence a ensuite été divisée par deux. Le ratio $\frac{S}{VA}$ représente la part des salaires dans la valeur ajoutée. Les salariés ayant participé à la création de la valeur ajoutée, le rapport $\frac{S}{VA}$ leur est donc appliqué et représente la participation.

La participation est bloquée pendant cinq ans dans l'entreprise et produit un intérêt fixé lors de l'accord de participation.

Il est également possible de sortir ces capitaux de l'entreprise afin de les verser dans les « fonds salariaux » (qui fonctionnent comme des fonds communs de placement).

les financements affectés

Nous venons d'examiner les financements destinés à augmenter les fonds propres c'est-à-dire ceux qui ont pour objectif de consolider le fonds de roulement net, l'affectation de cette consolidation restant à la discrétion de l'entreprise.

Examinons désormais les financements affectés.

A savoir : Le financement des investissements.
Le financement du cycle d'exploitation.
Le financement des exportations.
Le financement de la recherche et de l'innovation.

I. — Le financement des investissements

Afin de développer les investissements auxquels doivent procéder les entreprises certains organismes (Le Crédit national, le Crédit d'équipement aux petites et moyennes entreprises, les Sociétés de développement régional) proposent des prêts à taux bonifiés pouvant être accordés aux entreprises. Cependant le C.E.P.M.E. (Crédit d'équipement aux petites et moyennes entreprises) apparaît comme le plus opérationnel.

Quelles entreprises peuvent bénéficier des prêts à long terme du C.E.P.M.E. ?

En principe, toutes les entreprises quelle que soit leur forme juridique dès lors que leur chiffre d'affaire est inférieur à un milliard de francs et qu'elles ne sont pas contrôlées par un groupe qui dépasserait cette limite.

Que finance le C.E.P.M.E. ?

Le C.E.P.M.E. peut financer des investissements corporels ou incorporels en France ou à l'étranger ainsi que des besoins en fonds de roulement. Dans la pratique le C.E.P.M.E. est surtout requis pour le financement des investissements.

Nous distinguerons deux types de prêt : les prêts à long terme du C.E.P.M.E. et les prêts bonifiés aux P.M.E.

PRÊTS À LONG TERME DU C.E.P.M.E. sont destinés au financement des investissements dont la durée d'amortissement justifie un financement à long terme tels que des terrains, des constructions, du matériel lourd etc... Leur taux est fixé chaque année et ils peuvent, dans le cadre de programmes importants, être assortis d'un taux variable indexé sur le taux du marché obligataire mensuel.

— Le montant du prêt peut atteindre 70 % des dépenses hors taxe.

— La durée est comprise entre 8 et 15 ans et peut être portée à 20 ans exceptionnellement pour certains dossiers.

— Les remboursements sont prélevés trimestriellement.

LES PRÊTS BONIFIÉS DU C.E.P.M.E.

Ces prêts bonifiés ont pour objectif de financer des programmes d'investissements dans des secteurs et des situations particulières.

PRÊTS BONIFIÉS POUR L'EFFORT D'INVESTISSEMENT

Les bénéficiaires sont les entreprises du bâtiment des travaux publics ou de services industriels qui réalisent un effort d'investissement significatif. On entend par significatif des investissements autres que le renouvellement des immobilisations. L'accès est limité aux entreprises dont le chiffre d'affaires est en principe inférieur à 2 milliards de francs (la limite étant fixée annuellement).

Le financement couvre 70 % des investissements Hors taxe (le taux est évolutif).

Le concours est scindé en deux parties :

— un prêt à long terme
— un crédit à moyen terme.

— Le remboursement est effectué trimestriellement et le taux bonifié est en général bas. Si les engagements pris ne sont pas respectés, le taux bonifié peut être majoré jusqu'à trois points (en général).

Les mêmes bénéficiaires (entreprises du bâtiment, et des travaux publics) peuvent bénéficier des mêmes avantages dans le cadre de la création d'entreprise.

LES AUTRES PRÊTS

Nous citerons également :

— Les prêts bonifiés dans le cadre de reprise ou de transmission d'entreprises et les prêts de reprise industrielle dont peuvent profiter toutes les personnes physiques directement ou indirectement par l'intermédiaire d'une société dont elles détiennent la majorité des droits de vote, ainsi que les P.M.E. qui ne sont pas détenues par d'autres entreprises.

— Les prêts bonifiés à l'effort d'exportation dont bénéficient les P.M.E. industrielles, du bâtiment et des travaux publics et des services industriels.

— Les prêts bonifiés pour le développement des investissements à l'étranger. Ces prêts peuvent être accordés aux P.M.E. de tous secteurs qui réalisent des investissements à l'étranger à la condition que ceux-ci génèrent pendant 5 ans un flux net d'exportation supplémentaire d'un montant cumulé égal au moins à 3,5 fois le montant des fonds transférés.

— Les prêts bonifiés pour la modernisation du commerce et des services qui s'adressent aux jeunes professionnels pour leur première installation et aux commerçants désireux de se reconvertir pour s'adapter au marché (franchisé, adhérent d'une chaîne, coopérative, etc.).

— Les prêts bonifiés à l'hôtellerie, aux autres hébergements touristiques, au tourisme associatif, à vocation sociale, à la restauration, au thermalisme et aux équipements de loisirs.

Tous ces prêts impliquent sensiblement les mêmes conditions que celles prévues pour l'effort d'investissement : prêt à long et moyen terme, taux bas et majoration du taux en cas de non respect des engagements. Pour les prêts inférieurs à 1 million de francs (le seuil est fixé chaque année) des prêts formule S, dont les garanties sont allégées, peuvent être obtenus (Les taux d'intérêts sont plus forts que pour les prêts bonifiés).

Le coût du financement du CEPME est toutefois très fluctuant puisque parallèlement à l'évolution du taux de référence, il est possible d'obtenir des prêts à taux variables indexés sur le marché monétaire, sur les emprunts d'état ainsi que des prêts en ECU indexés sur le PIBOR en ECU à 3 mois. Le PIBOR est le taux interbancaire moyen quotidien offert pour une période donnée de 1 à 12 mois publié quotidiennement par l'Association Française des banques.

Le financement par crédit bail (leasing)

Le crédit bail est un des moyens de financement le plus utilisé en matière d'investissement. Deux raisons principales entraînent cette préférence :

— le règlement d'un loyer est financièrement plus léger que le coût de l'investissement,

— le loyer de crédit bail est fiscalement déductible alors que pour un emprunt, seuls les frais financiers peuvent être défalqués des impôts.

Le principe du crédit bail est simple : un contrat est conclu entre un locataire et un loueur qui reste propriétaire de l'objet jusqu'à la levée de l'option d'achat. Le locataire paiera au loueur un loyer et rachètera en terminaison le bien loué pour une somme très faible. Le loyer est élevé car il intègre le remboursement théorique du capital et les intérêts mais présente l'avantage de la déductibilité fiscale.

Le contrat de crédit bail peut porter sur des biens mobiliers et immobiliers.

LE LEASE BACK (DÉRIVÉ DU LEASING)

L'entreprise vend l'une de ses immobilisations à une société de crédit bail qui loue cette immobilisation à l'entreprise par le biais d'un contrat de crédit bail. Ce procédé peut être utilisé avantageusement lorsqu'une entreprise en difficulté possède des biens immobiliers importants. Dans l'hypothèse ou des déficits fiscaux importants contrebalancent la plus value dégagée lors de la cession de l'immeuble à la société de crédit bail, cette opération est un moyen efficace de retrouver son équilibre financier.

L'emprunt

L'EMPRUNT BANCAIRE

L'emprunt bancaire est le procédé le plus traditionnel pour financer des investissements ou un besoin en fonds de roulement trop fort. Les banques, responsables des concours apportés par la clientèle, ne peuvent consentir des prêts sans que le risque de non remboursement soit convenablement couvert. Dans l'hypothèse où le risque leur paraît dépasser la normale les banquiers seront amenés à demander des garanties.

La mise en œuvre de ces dernières s'est opérée longtemps selon des techniques bancaires communes aux établissements financiers.

LE CRÉDIT D'EXPLOITATION

Pour les crédits d'exploitation, le stock et les créances étaient nantis :

— Les crédits à long et moyen terme étaient octroyés après hypothèques des immeubles ou le nantissement du matériel,

— Les crédits à court terme étaient couverts par les cautions données par les dirigeants.

Toutefois afin d'élargir les possibilités de prêts auprès des entreprises, les banques ont développé l'aspect mutualiste du crédit afin que le risque supporté par chaque banquier soit réduit.

LA SOFARIS

La mise en place des fonds de garanties est centralisée dans le cadre de la SOFARIS.

La SOFARIS (Société Française pour l'assurance du capital risque des P.M.E.) est une société d'économie mixte qui a pour but d'aider les entreprises. La SOFARIS gère les fonds de garantie accordés aux P.M.E. ; celà signifie que jusqu'à x (*) millions de francs la décision relève de la Banque mais le risque est partagé avec la SOFARIS.

En deçà de cette limite évolutive (x millions) le partage du risque est de 50/50 sauf dans le cas d'intervention d'un organisme de caution mutuelle (40 % pour SOFARIS, 40 % pour la Banque et 20 % pour la société de caution mutuelle, par exemple).

Au-delà de x millions de francs la SOFARIS assure 65 % du risque contre 35 % pour la Banque. S'il y a une société de caution mutuelle le partage peut être le suivant (55 % SOFARIS, 25 % la Banque et 20 % pour la société de caution mutuelle).

Financement à court terme du cycle d'exploitation octroyé par la banque

En théorie le fonds de roulement net doit être supérieur au besoin en fonds de roulement (besoins de financement générés par le cycle d'exploitation). La pratique montre que cette situation est rarement atteinte et que dans tous les cas des pointes de trésorerie négatives, engendrées par des échéances particulièrement lourdes, se manifestent. Les entreprises sont alors condamnées à se financer dans le court terme c'est-à-dire à utiliser un découvert bancaire ou à recourir à l'escompte. Nous verrons plus loin qu'il existe d'autres procédés de financement à court terme ; toutefois l'escompte et le découvert représente les moyens traditionnels.

A ce stade la négociation des conditions bancaires est ouverte. *Comment contrôler et négocier ses conditions bancaires ?*

LE DÉCOUVERT

L'entreprise reçoit régulièrement ses relevés bancaires. Ceux-ci contiennent des informations capitales, souvent méconnues ou ignorées, qui peuvent servir à mieux négocier les conditions générales.

Les relevés bancaires sont envoyés selon des périodicités variables selon les banques. Exemple :

Relevés du Compte au 30 avril n
Date opération comptable Libellé Débit Crédit Ex. Valeur .

La date de valeur est de loin l'information la plus intéressante pour le trésorier car cette date est retenue par la banque pour calculer les agios. La comparaison entre la date de

(*) *Cette limite de x millions est variable selon les entreprises et les époques.*

valeur et la date d'opération va permettre de vérifier que les conditions bancaires sont convenablement appliquées (ce qui n'est pas une évidence).

RECOMMANDATIONS

— Vérifier les conditions bancaires en rapprochant la date d'opération comptable et la date de valeur et en comparant cette dernière avec la date de valeur des bordereaux de remise pour les ordres de virement.

— Contrôler le calcul des intérêts et vérifier l'application des conditions bancaires en sélectionnant les chèques importants (règlement de l'U.R.S.S.A.F. ou de la T.V.A.).

— Soyez vigilants en période de vacances car les préposés habituels sont remplacés par des stagiaires et des intérimaires qui peuvent commettre des erreurs préjudiciables.

Les arrêtés de comptes trimestriels

Les banques calculent traditionnellement les agios tous les trimestres sur la base des mouvements débiteurs (négatifs) du trimestre. Aucune banque ne fournit l'échelle d'intérêt qui faciliterait la vérification des calculs. L'échelle d'intérêt regroupe l'ensemble des écritures du trimestre par date de valeur. Il peut être parfois utile et avantageux de refaire les calculs ; des écarts importants peuvent apparaître car les procédures informatiques ne permettent pas toujours la reconstitution du solde apparaissant sur l'échelle d'intérêt antérieure. Les écarts peuvent jouer en défaveur ou en faveur de l'entreprise ; celà dépend des mouvements. Si des forts intérêts débiteurs sont calculés, l'entreprise pourra, dans certains cas et après vérification des calculs, demander à la banque le remboursement d'une partie des frais financiers.

La commission du plus fort découvert se justifie par le fait que la banque se rémunère du risque maximum qu'elle prend vis à vis de l'entreprise.

Cette commission se calcule de deux façons :

1° la banque calcule en valeur chaque découvert mensuel bancaire maximum du trimestre et applique une commission de 0,05 % au total.

Par exemple : découvert maximal :

Janvier	10 000
Février	15 000
Mars	23 000
TOTAL	48 000 × 0,05 % = 24 F

2° La banque prend le plus fort découvert du trimestre et applique sa commission sur celui-ci.

Selon l'exemple précédent, celle-ci sera de

23 000 × 3 × 0,05 % = 34,5 F.

Le plafond de cette commission est de 50 % des intérêts débiteurs.

Selon les mêmes chiffres que précédemment, en admettant que le ticket d'agios fait apparaître 60 F d'intérêts débiteurs la commission sera plafonnée à 60 × 50 % soit 30 F.

D'autres commissions sont prélevées par les banquiers, nous citerons notamment :

— *La commission de mouvement* qui est proportionnelle au travail que le compte impose aux banquiers ; elle est donc calculée sur la base des mouvements effectués à l'exclusion des erreurs, des impayés et des calculs d'intérêts (entre autres).

Le taux est variable (entre 0,025 % et 0,1 %) ; le 1/4 pour mille étant le plus couramment utilisé.

— *Les frais de tenue de compte.*

Ceux-ci font double emploi avec les commissions de compte.

Il s'agit là d'un poste que l'entreprise peut négocier avec la banque.

— *La commission de dépassement* qui est perçue lorsque le découvert en valeur dépasse l'autorisation accordée.

— *La commission d'immobilisation* est décomptée (par quelques banques) lorsque le compte est resté débiteur (négatif) durant une période. L'entreprise se voit alors « surtaxée » sous le prétexte que les autorisations accordées relèvent de facilités de caisse et non du découvert. Cette commission peut être « négociée » par l'entreprise.

L'ESCOMPTE

La majeure partie des agios décomptés par les banques provient de l'escompte des traites (*). On distingue l'escompte commercial et l'escompte financier.

L'escompte commercial est une opération de crédit par laquelle le banquier escompte (achète) une traite (ou une lettre de change relevé dite LCR ; c'est-à-dire un ensemble de traite synthétisé matériellement par un relevé) ou un billet à ordre (les billets à ordre relevé existent aussi : BOR) correspondant à des ventes sans que l'échéance soit atteinte. La Banque devient alors propriétaire des effets.

RECOMMANDATIONS

*** Que doit-on vérifier afin de mieux gérer la gestion du portefeuille d'effets ?**

— Négocier et contrôler les dates de valeur des remises.

L'habitude est « lendemain de remise » ; Toutefois, il est possible d'obtenir une mise à disposition des fonds le jour de remise de façon à éviter des pointes de découvert pénalisantes (le taux d'escompte est en général plus faible que le taux de découvert).

— Vérifier le calcul des jours décomptés.

Ceux-ci couvrent la période du jour de valeur (inclus) au jour d'échéance (inclus) majoré d'un ou deux jours (jours de banque). Les erreurs provenant du calcul des jours sont assez fréquentes. Elles ne sont pas évidentes à voir car elles proviennent souvent d'une erreur de saisie au niveau de la date d'échéance.

Il conviendra donc de comparer les échéances mentionnées sur le bordereau d'escompte avec celles apparaissant sur le double du bordereau de remise. On procèdera au pointage des lignes représentant une masse d'agios significative.

Le taux d'escompte.

Celui-ci se décompose comme suit :

— taux de base bancaire:	variable
— majoration par nature (escompte)	0,40 %
— commission d'endos	0,60 %
— taxe sur les encours de crédit	0,10 %
— majoration catégorielle (1 à 6 %) selon les entreprises.	6 %

(*) *En langage bancaire, escompter une traite est synonyme d'achat et négocier des traites est synonyme de vente. On dira que l'entreprise négocie ses traites à la banque qui les escompte.*

Par ailleurs pour les effets non mobilisables ou hors d'usage Banque de France une majoration de 1,05 % est appliquée. En tout état de cause la négociation tourne autour de la majoration catégorielle allant de 1 % à 6 %.

Diverses commissions sont également facturées aux entreprises. On notera :

— *la commission de manipulation* (montant fixe + T.V.A.),

— *la commission d'acceptation* prélevée lorsque l'entreprise charge sa Banque de faire accepter au tiré les effets qu'elle lui a remis (Montant fixe, variable selon les banques),

— *la commission d'avis de sort* prélevée lorsque le remettant souhaite connaître le sort réservé à son effet lors de la présentation à l'échéance (la créance est-elle honorée ou non ?),

— *la commission de réclamation* prend effet lorsque l'entreprise demande à la Banque de lui restituer un effet avant l'échéance alors que celui-ci a été précédemment remis à l'encaissement ou à l'escompte (Montant fixe, variable selon les banques).

Nous citerons en outre : La commission de non domiciliation (effet à l'encaissement non domicilié), la commission de domiciliation (en cas de modification de domiciliation) et la commission d'impayé (lorsque l'effet remis à l'encaissement a été rejeté par la Banque domiciliataire).

L'ESCOMPTE EN COMPTE

Il s'agit là d'une procédure bancaire qui superpose l'escompte et le découvert et simplifie avantageusement la gestion de la trésorerie. Le fonctionnement est simple : Pendant la période d'attente d'encaissement (dix jours) la banque augmente l'avoir en compte courant du montant de ses effets en fusionnant le compte effets en attente d'encaissement et le compte courant. Le coût de cet avantage sera fixé après négociation avec le banquier.

Financement comparé de 23 jours de besoin (*).

Le taux réel de la troisième solution est avantageux d'environ un point par rapport aux autres solutions.

L'avantage de l'escompte en compte provient du fait qu'aucune couverture ne porte intérêt ; les agios étant prélevés lors des besoins réels.

La date de valeur des remises correspond à la date effective de mise à disposition des fonds.

La date de valeur des échéances est variable selon les banques et même souvent selon les agences qui, rappelons-le, fonctionnent souvent comme des établissements autonomes surveillés par la direction générale.

En pratique, on utilise la valeur « veille de l'échéance » (condition toujours appliquée lorsque le billet n'est pas renouvelé) ou bien valeur « Jour de l'échéance » toujours appliquée en cas de renouvellement. Si ce dernier est partiel certaines banques scindent la partie « veille » et la partie « jour ».

Le décompte des jours inclus le jour de l'échéance + un jour de banque ce qui pénalise l'entreprise de deux jours d'intérêts supplémentaires (si échéance valeur jour) et de trois jours si l'échéance est valeur veille).

Le taux se décompose comme suit :

Taux de base bancaire	variable %
Commission d'endos	0,60 %
Taxe sur les encours de crédit	0,10 %
Majoration par nature de crédit	0,40 %
Majoration catégorielle	variable

(*) *Contrôler et négocier ces conditions bancaires. Entreprise et Banque-CLET.*

FINANCEMENT COMPARÉ DE 23 JOURS DE BESOIN	DÉCOMPTE D'AGIOS
1 24  Découvert	23 jours à 13,80 % (éventuellement 1/2 000 sur le capital)
jour de banque 1 20 22 23 24 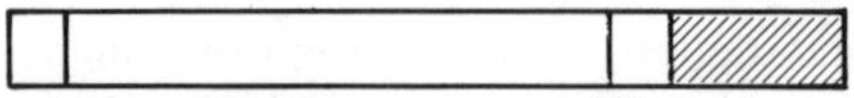 Escompte classique 21 échéance	21 jours à 13,35 %
1 24 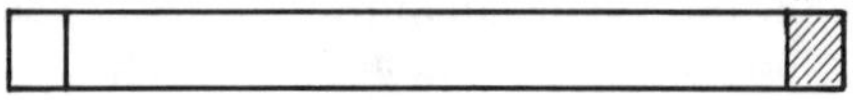 Escompte en compte (1) • valeur compensée à échéance + 4 • majoration du taux : 0,25	23 jours à 13,60 %
1 19 20 21 22 23 24 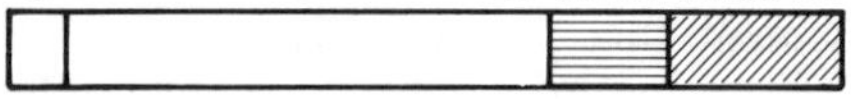 Escompte en compte (2) • valeur non compensée à échéance • pas de majoration de taux	19 jours à 13,35 % + 2 jours à 13,80
1 19 20 21 22 23 24 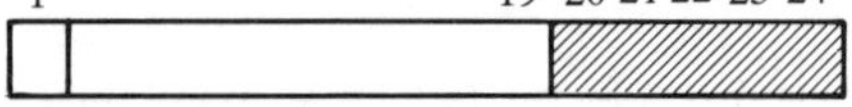 Escompte en compte (3) • valeur compensée • majoration de taux	19 jours à 13,60 %

RECOMMANDATIONS

Dans le cadre d'une négociation l'entreprise peut demander (ou mieux obtenir).

— Une valeur compensée pour la remise et la mobilisation en cas de renouvellement.

— Une valeur « Jour de l'échéance » (et non pas « valeur veille »).

— Deux jours de plus que la mise à disposition pour le décompte des jours (jour de valeur de la remise plus un jour de banque).

— Exonération de la commission de mouvement.

— En cas d'utilisation du C.M.C.C. et de remise en contrepartie de la totalité de leur portefeuille à l'encaissement, la condition usuelle est échéance (reportée ou non) + quatre.

On pourra négocier jusqu'à échéance + deux.

FAUT-IL AVOIR UNE OU PLUSIEURS BANQUES ?

Une forte majorité de petites et moyennes entreprises n'ont qu'une seule banque. Elles imaginent que cette exclusivité facilitera leurs relations et leur autorisera l'obtention d'avantages particuliers. Celà est faux. Une banque unique présente des dangers ; ceux-ci peuvent apparaître lors du changement d'un chef d'agence ou de la politique édictée par la maison mère. Ainsi, brusquement, les bonnes relations peuvent se ternir sans avertissement à un moment où l'entreprise a particulièrement besoin de l'aide de sa banque.

Une P.M.E. aura donc intérêt à choisir deux ou trois banques, une grande entreprise pourra opter pour cinq, voire six banques.

Cette diversité permet :

— en premier lieu de mettre les banques en concurrence,

— en second lieu de répartir les risques sur plusieurs banques (ce que les banquiers ne reprocheront jamais à leur client),

— en troisième lieu de mieux négocier des services particuliers.

L'entreprise peut également traiter avec un pool bancaire qui recevra les demandes de crédit et les répartira sur les différentes banques partenaires du pool. La répartition des crédits entre les banques ne conditionne pas une répartition équivalente du volume d'activité confié par l'entreprise à chacun des partenaires financiers du pool.

Le pool bancaire facilite les démarches et, pour un dossier de crédit déposé à la Banque de France, sa constitution est obligatoire.

les autres financements à court terme

L'affacturage

L'affacturage (factoring) est un procédé par lequel l'entreprise transfère des créances commerciales à un facteur (factor). Ce dernier, en général, un organisme financier spécialisé, paye à l'entreprise ses créances en retenant une commission et prend en charge le recouvrement de la créance auprès du client de l'entreprise. Ce procédé de mobilisation des créances est comparable au Crédit de mobilisation des créances commerciales (C.M.C.C.) ou à l'escompte.

Le transfert des créances peut être total ou partiel. Dans cette dernière hypothèse le facteur sélectionnera les créances qui lui paraissent le plus facilement solvable.

Certains facteurs (les facteurs sont en général des établissements financiers filiales de banques) accompagnent leurs prestations de différents services qui peuvent aller jusqu'à la gestion complète des comptes clients, l'organisation du suivie de ces comptes ainsi que le contentieux.

La rémunération du facteur couvrira les intérêts financiers résultant de l'avance financière en faveur de l'entreprise ainsi que les frais de recouvrement et de gestion des créances.

Ce procédé est souvent réservé aux entreprises ayant de « grosses » créances commerciales avec des entreprises dont la pérénité ne paraît pas menacée. A titre d'illustration, une créance de 50 millions de francs sur la Société ELF Aquitaine est plus facilement négociable auprès du facteur que 1 000 créances inférieures à 200 F auprès de particuliers. On peut penser que dans ce second cas, l'opération d'affacturage ne serait pas acceptée par le facteur. Enfin, il est à noter que les prestations fournies par les facteurs autres que le prêt sont très variables selon les facteurs.

Le tableau ci-dessous, résume le fonctionnement des divers procédés de mobilisation des créances.

Forme de mobilisations des créances	Objet de la mobilisation	Modalités pratiques	Recouvrement	Garantie dont bénéficie le prêteur	Avantages et inconvénients pour l'emprunteur
Escompte.	La traite se substitue à la créance.	L'effet est négocié à la banque.	Le banquier opère le recouvrement.	Si le tiré est défaillant tous les signataires de l'effet sont solidairement responsables.	*L'escompte est facile à gérer au jour le jour. Le banquier peut cependant réduire la ligne d'escompte.*
Lettre de change. Relevé ou Billet à ordre relevé (B.O.R.).	Il s'agit d'un ensemble de traite matérialisée par un relevé qui en est la synthèse financière.	Ce relevé, représentant cet ensemble de traites est négocié auprès de la Banque.	La Banque opère le recouvrement.	Tous les signataires des effets représentés par le relevé sont solidairement responsables.	*Mêmes avantages et inconvénients que l'escompte.*
Lettre de change relevé sur support magnétique.	Même principe que sur papier BOR, mais l'ensemble est matérialisé par une disquette.	La Banque escompte le support magnétique.	La Banque opère le recouvrement.	La Banque n'a pas de garantie. Son risque est cependant limité par le nombre de traites et la faiblesse éventuelle de leurs montants.	*Avantages au niveau administratif. Ce procédé sera plutôt utilisé lorsque les traites sont nombreuses et de petits montants.*
Loi Dailly modifiée par la loi bancaire de 1984.	Créances sur des personnes morales de droit public et créances professionnelles. Créances à naître en vertu d'un acte né ou à naître.	Les créances sont cédées à la banque à titre d'escompte et garantissent le financement.	Soit le banquier soit le tireur si le banquier lui en donne mandat.	La garantie du cédant est prévue par la loi. Le débiteur est tenu de se libérer entre les mains du banquier si ce dernier lui notifie la cession. Le banquier peut s'opposer à la cession aux tiers à partir de la date de l'acte de cession.	*Pratique car ce procédé permet d'anticiper sur la créance et de réaliser des affaires qui sans celà ne pourraient se concrétiser. La réalité contractuelle d'une créance future permet d'obtenir le financement immédiat.*
Affacturage.	Créances commerciales exclusivement.	Les facteurs se substituent à l'entreprise dans ses droits sur les créanciers.	Le Factor encaisse les créances.	Subrogation du factor dans les droits attachés aux créances.	*Possibilité d'une aide administrative pour l'entreprise à un prix qui peut être « intéressant ».*

La loi Dailly

La Loi Dailly est un procédé de mobilisation des créances qui présente des intérêts évidents pour l'entreprise car cette dernière peut se faire financer avant la naissance même de la créance. L'exemple suivant illustrera ce procédé. Une entreprise reçoit une commande ferme et définitive d'une société d'économie mixte (garantie par l'état). Cette commande aboutira à une créance dépassant largement 20 millions de francs. La banque financera à court terme l'entreprise sur la base de la commande lancée par l'entreprise d'économie mixte. La fabrication, la livraison et la créance naîtront donc après que le financement ait été accordé. Pratiquement, ce procédé n'est applicable avec une sécurité suffisante qu'aux entreprises dont le nombre de commandes est restreint, dont le montant des commandes est élevé et pour lesquels le « commandeur » est solvable. Lorsque ces conditions ne sont pas vraiment réunies, le coût du financement par la Loi Dailly peut être relativement élevé par rapport aux autres moyens de financement à court terme.

Les crédits de trésorerie

Nous avons vu ci-dessus les principes propres au découvert bancaire qui résulte de l'exploitation. Nous rappellerons que les besoins spécifiques de trésorerie peuvent se concrétiser de quatre façons :

1° *Le découvert bancaire* qui couvre les besoins d'exploitation mais dont la durée n'excède pas quelques mois.

2° *La facilité de caisse* qui permet de passer en découvert à certaines périodes (en général au moment de la paye. Le compte courant n'est alors débiteur (négatif) que quelques jours.

3° *Le crédit confirmé* qui est une autorisation limitée de découvert permanent. Ce type de crédit donne lieu à un contrat. Les banques exigeront dans la plupart des cas la caution des dirigeants.

4° Les entreprises de taille importante dont la durée d'existence est supérieure à deux ans peuvent dans certaines conditions (décret n° 85-1328 du 16 décembre 1985) émettre des *billets de trésorerie*. La durée de vie de ces billets est comprise entre 10 et 180 jours. Leur montant minimum est de 1 000 000 F et le taux d'intérêt est négocié avec les souscripteurs. Il s'agit là d'obligations de courte durée.

Certains billets de trésorerie peuvent avoir une durée de vie comprise entre 2 ans et 7 ans.

Les émetteurs doivent alors produire une note d'information.

On en revient alors à un emprunt obligataire déguisé.

les financements particuliers

Les crédits à l'exportation

Sur le plan macroéconomique, l'exportation est une nécessité économique soutenue par l'état.

Pour les P.M.E. l'exportation soulève un certain nombre de difficultés.

Deux organismes aident les exportateurs en les informant et en les assistant :

1° Il s'agit du Centre Français du Commerce Extérieur (C.F.C.E.) qui informe les entreprises et les aide dans le cadre de leur prospection commerciale.

2° La Direction des Relations Economiques Extérieures (D.R.E.E.) qui est une administration à caractère financier.

Deux institutions aident directement les entrepreneurs :

1° Au niveau du financement, la B.F.C.E. (Banque Française du Commerce Extérieur) intervient à tous les stades de financement des exportations, à savoir :

— Prêts,
— Crédits à moyen terme (fournisseur ou acheteur),
— Crédit de préfinancement.

2° La COFACE (Compagnie Française d'Assurance pour le Commerce Extérieur) qui a pour fonction de protéger l'entrepreneur dans toutes les situations liées à l'exportation.

Nous citerons :

— L'assurance Prospection et l'assurance Foire qui indemnise l'exportateur des frais exposés pour faire connaître et vendre à l'étranger si les ventes ne permettent pas de couvrir les frais.

— L'assurance Investissement, lorsque ce dernier ne déclenche pas à court terme un accroissement des exportations.

— Le Crédit de mobilisation de créances nées à l'étranger. L'exportateur perçoit sa créance dès que celle-ci née.

— La B.F.C.E. et la COFACE en relation avec le système bancaire peuvent apporter :

• un crédit fournisseur, qui permet à l'exportateur d'encaisser sa créance après livraison ;

• un crédit acheteur consenti à l'acheteur étranger afin de lui permettre de régler comptant son fournisseur français.

On voit ainsi comment les risques d'impayés peuvent être considérablement réduits par ces deux dernières procédures.

— La COFACE garantit éventuellement l'exportateur sur la variation du taux de change en cas de baisse de la devise dans laquelle est rédigée le contrat d'exportation.

Le financement de l'innovation

L'Agence Nationale pour la valorisation de la recherche (plus connue sous le nom de l'ANVAR) est un organisme public dont la mission est :

— d'encourager les développements technologiques et les programmes d'innovation,

— de favoriser les rapprochements inter-entreprise,

— de réduire le risque financier de l'innovation en faisant appel à des sociétés de capital risques et aux banques.

Les bénéficiaires sont toutes les personnes physiques et morales ayant un programme d'innovation et de progrès technologiques.

L'aide peut se concrétiser à tous les niveaux si les conditions de qualité technique, d'intérêt économique et de faisabilité sont réunies.

L'ANVAR précise ses droits en cas de succès ou d'échec du projet d'aide et en cas de règlement judiciaire du bénéficiaire.

Financièrement, l'aide peut se concrétiser de plusieurs façons :

Financement par apport de fonds propres

1° Financement de l'innovation avec une société de capital risques (venture capital).

Le risque est élevé car les projets ne sont souvent pas encore matures. Trois types d'organismes financiers se manifestent.

Les sociétés financières d'Innovation (S.F.I.), spécialisées dans la haute technologie et qui bénéficient d'avantages fiscaux, prennent une participation dans le capital pour une durée limitée (six ans en général). Si au bout de cette période le succès est atteint, la S.F.I. revend sa participation en réalisant une plus value ; s'il y a échec, la S.F.I. enregistre la perte. Un fonds spécial créé par l'Etat garantit les risques afférents aux interventions des S.F.I.

Les fonds communs de placement à risques (F.C.P.R.), créés en 1983 sous l'égide des Banques doivent être constitués pour 40 % au moins de titres de sociétés non côtées en Bourse.

L'Institut de Développement Industriel (I.D.I.) a créé des filiales (FINOVELEC, FINOVECTRON etc...) qui ont pour but d'apporter des fonds propres aux sociétés innovatrices rattachées à leur spécialité.

Financement par le crédit

Les entreprises innovatrices peuvent bénéficier des prêts bonifiés dans le cadre de l'effort d'investissement. Le régime prévu depuis 1985 favorise particulièrement les innovateurs.

Le Crédit à moyen terme Innovation est accordé aux innovateurs avec la garantie du crédit d'équipement des P.M.E. Ainsi jusqu'à 70 % du programme d'investissement peut être apporté ; Les remboursements s'échelonnent de deux à sept ans.

L'assurance du risque de l'innovation

La SOFARIS (Société Française pour l'assurance du Capital Risque des P.M.E.), société d'économie mixte, apporte son aide aux innovateurs sous la forme d'une garantie fournie à l'engagement d'une Banque ou d'une Société de participation.

Le risque est partagé avec le partenaire dans les conditions précisées par le tableau suivant :

	Jusque 1 000 000 F	Au-delà de 1 000 000 F
Sans intervention d'un organisme de caution mutuelle	50 % Banque 50 % SOFARIS	35 % Banque 65 % SOFARIS
Avec intervention d'un organisme de caution mutuelle	40 % Banque 40 % SOFARIS 20 % O.C.M.	25 % Banque 55 % SOFARIS 20 % O.C.M.

Enfin, nous signalerons que cette aide peut être apportée dans le cadre d'investissements matériels incorporels. Sur le plan administratif les procédures ont été banalisées afin de simplifier l'établissement du dossier de demande de crédit.

Financement et marché des changes

LE SWAP

La hausse ou la baisse d'un taux de change peut générer des pertes importantes. Afin de réduire le risque de perte, il convient d'effectuer une opération en sens inverse. Les techniques classiques visant à neutraliser ces effets pervers consistent à émettre des emprunts à taux fixe à dix ans. Ce type d'action manque totalement de souplesse à court terme contrairement au SWAP.

Ce procédé existe sous deux formes, le SWAP d'intérêts (SWAP coupons) et le SWAP de dettes :

— Un SWAP d'intérêt est une opération par laquelle deux entreprises emprunteuses vont échanger le paiement de leurs intérêts respectifs sans que le principal de la dette ne soit lui-même échangé. Ainsi chacun des contractants va payer les intérêts de l'autre. L'exemple suivant illustrera les avantages d'une telle manœuvre.

Soit deux entreprises A et B.

Entreprises	taux fixe	taux variable
A B	10 % 9 %	LIBOR + 4/8 LIBOR + 3/8
Ecarts	1 %	1/8

L'opération étant levée en dollars, B prévoit une baisse des taux d'intérêt et va alors opter pour un taux variable. Par rapport à A, B gagne 1/8 soit 0,125 % sur le variable et 1 % sur le fixe.

A anticipe une hausse et choisira le taux fixe.

Les conditions sont alors réunies pour que l'opération de SWAP réussisse en réduisant simultanément les charges financières de A et B. B va se spécialiser en fixe et « Swapper » en variable. B règlera les intérêts de A qui versera en remboursement à B les 9 % d'intérêts plus une prime négociée qui est fonction de l'avantage comparatif de B : soit 0,7 % (par exemple).

A règle donc au total 9 % + 0,7 % soit 9,7 % au total, alors qu'elle aurait dû payer 10 %. L'économie est de 10 – 9,7 soit 0,3 %. B verse à A le LIBOR + 4/8 mais retranche la prime négociée de 0,7 %

$$\text{et} \quad 0{,}7\,\% = \frac{5{,}6}{8} \quad \text{soit} \quad \text{LIBOR} + \frac{4}{8} - \frac{5{,}6}{8} = \text{LIBOR} - 1{,}6/8\,.$$

B bénéficie donc d'une économie de 4,6/8, sur ce qu'elle aurait dû payer sur la partie variable.

Le SWAP de dettes va consister en un échange d'emprunts exprimés en devises différentes. Cette opération ne porte plus sur les intérêts mais sur le capital. Les participants vont se vendre mutuellement leurs dettes et les racheter à terme selon les modalités de l'emprunt. Le principe est le même que pour les Swaps d'intérêts. Ce dernier procédé est plus risqué car le risque de change intervient. Pour cette raison les Swaps de dettes sont moins utilisés.

Ce sont cependant des instruments performants pour la gestion de l'endettement des entreprises et des banques.

Le Forward (future) rate agrement (FRA)

Il s'agit là d'un contrat aux termes duquel les deux contractants se garantissent un taux applicable à une somme déterminée.

L'un couvre le risque de hausse des taux, l'autre se garantit contre la baisse.

Les marchés à termes d'instruments financiers

Un marché à terme consiste en la fixation immédiate du prix d'un produit à une date future. La finalité étant de tirer un profit des imperfections du marché.

Les contrats à terme de taux d'intérêts

Cette fois les taux d'intérêts sont fixés à une date future.

Une banque prévoyant une hausse des taux d'intérêts va « figer » le taux d'intérêt d'un emprunt qu'elle émettra dans plusieurs mois.

LA RENTABILITÉ DES INVESTISSEMENTS

8

I. — Définitions

A. Définition d'un investissement

Un investissement est l'achat d'un bien matériel ou immatériel dont on attend un service durable.

On distingue, économiquement, les investissements productifs et improductifs.

Investissements productifs

Il s'agit des biens qui permettent une augmentation de la production et par voie de conséquence, du chiffre d'affaires et du bénéfice.

Ces investissements productifs peuvent être également des investissements de remplacement. Dans ce cas, ils ne permettent pas une augmentation de la production mais empêchent seulement la baisse de celle-ci.

On citera à titre d'exemple l'achat d'une machine-outil, d'une usine, d'un magasin, etc.

Investissements improductifs

Ce sont ceux qui n'autorisent pas, en terminaison une augmentation ou une conservation du profit. Ils sont donc, au niveau de la production, absolument neutres. Le service que l'on obtient d'eux est sans relation avec l'argent. L'achat d'une jolie voiture est un investissement improductif à moins que le véhicule ne soit un taxi. L'acquisition de locaux administratifs plus fonctionnels plus beaux et plus propres est également un investissement improductif. Notons cependant que improductif ne signifie pas sans intérêt.

B. Définition de la rentabilité

Un investissement est considéré comme rentable dans la mesure ou le flux de recettes qu'il rapporte est supérieur à la dépense qu'il représente. Le principe de rentabilité ne s'applique donc qu'aux investissements productifs.

On distingue habituellement deux types de rentabilité :

1° Rentabilité économique

L'appréciation de la rentabilité économique élimine l'incidence du financement, elle fera l'objet de la première partie de ce chapitre : les critères de rentabilité économique.

2° Rentabilité financière

Celle-ci intègre les modalités de financement de l'investissement et fera l'objet de la seconde partie de ce chapitre : financement des investissements et rentabilité financière.

Par ailleurs, il convient de distinguer la rentabilité des notions voisines :

Profitabilité

Celle-ci situe l'aptitude de l'entreprise à engendrer des profits. Elle diverge de la notion de rentabilité à deux niveaux :

1) on retient l'entreprise dans son ensemble, en tant que force productrice, et non pas un investissement particulier ;

2) la rentabilité implique un excédent des recettes sur les dépenses tandis que la profitabilité entraîne un excédent des produits sur les charges, c'est-à-dire un profit.

On pourra dire que les rentabilités agrégées des investissements effectués par l'entreprise concourent à la profitabilité de celle-ci.

Rendement

Le rendement représente l'aptitude d'un investissement à produire des biens au cours d'une période. Les notions de profit, de prix de vente, ou d'encaisse supplémentaire sont éliminées.

Productivité

La productivité représente l'aptitude des facteurs de production (investissements et travail) à produire plus de biens à un prix donné.

C. Cash flow et marge brute d'autofinancement

La mesure de la rentabilité des investissements repose essentiellement sur le concept de *cash flow*. De nombreux ouvrages en donnent une définition fausse en considérant le *cash flow* comme la *capacité d'autofinancement*. Ces deux notions, apparemment proches, sont en réalité fondamentalement différentes. Pour une bonne compréhension des principes relatifs à la rentabilité des investissements, nous engageons le lecteur à prêter une attention particulière à ce paragraphe.

1° Définitions

Un cash flow *est le solde des flux de caisse engendrés par un investissement à la clôture d'une période.*

Exemple : Une machine est achetée 1 000 F au début d'une période. Elle a entraîné au cours de cette même période des dépenses de fonctionnement de 600 F et des recettes d'exploitation de 850 F. Le *cash flow* à la clôture de cette période est de 850 − 600 = + 250. En supposant que les dépenses d'entretien et que les recettes d'exploitation sont respectivement décaissées et encaissées à la clôture de la période, il est alors possible d'actualiser les *cash flows.* Retenons arbitrairement un taux d'actualisation de 10 %, il vient :

$$- 1\,000 + \frac{250}{1,10} = - 1\,000 + 227 = - 773.$$

La marge brute d'autofinancement (capacité d'autofinancement) peut être calculée de la manière suivante :

Bénéfice net comptable + dotations aux amortissements + dotations aux provisions à caractère de réserve.

Examinons maintenant les divergences existant entre ces deux notions :

a) Les *cash flows* (soldes des flux de caisse) reposent, comme leur nom l'indique, sur le principe de comptabilité à partie simple. On ne retient alors que les recettes et les dépenses.

La marge brute d'autofinancement repose sur le principe de comptabilité à partie double. On ne retient que les produits et les charges. En effet, le bénéfice net comptable est issu du compte de résultat. Ce dernier permet d'égaler le total des charges (débit du compte de résultat) au total des produits (crédit du compte de résultat). Or les charges d'exploitation n'ont pas toutes été décaissées (dans ce cas le poste « Dettes à court terme », au passif du bilan, serait nul) de même tous les produits n'ont pas été encaissés (dans ce cas le poste « Clients » serait nul à l'actif du bilan). Ce type de situation n'apparaît strictement jamais.

Il est ainsi impossible d'actualiser des soldes de produits et charges qui ne sont pas en totalité encaissés ou décaissés. Inversement, avec un *cash flow,* les dates d'encaissement et de décaissement étant connues, il est possible d'actualiser.

b) Il est difficile de situer les dates d'encaissement et de décaissement au niveau de l'entreprise. Cette difficulté a deux origines :

En premier lieu, la comptabilité à partie double (produits et charges) s'y prête mal.

En second lieu, l'exploitation d'une entreprise entraîne un certain nombre d'effets pervers (économiquement parlant), tels que : la fiscalité (T.V.A., taxe professionnelle et impôt sur les sociétés), les cessions et les acquisitions d'immobilisations productives ou non, les emprunts ou les prêts, les opérations sur titres, etc. Ces effets sont générateurs d'encaissements et de décaissements qui rendent très difficile la mise en évidence de la rentabilité du capital économique (immobilisations productives).

Pour ces deux raisons, la notion de *cash flow* ne doit être utilisée que pour mesurer la rentabilité d'un investissement individualisé et ne saurait être étendue à l'entreprise, considérée alors comme un outil de production.

La comptabilité analytique remplacera donc avantageusement la comptabilité générale. Néanmoins, les informations issues de la comptabilité analytique devront être aménagées afin de respecter les critères de recettes et de dépenses.

En conclusion, la marge brute d'autofinancement est une notion économique statique mettant en évidence l'aptitude marginale de l'entreprise à se financer à la clôture de chaque exercice.

La notion de *cash flow* est uniquement une notion de trésorerie, elle ne peut s'appliquer qu'à la mesure d'un investissement nettement individualisé et en aucun cas à l'entreprise dans son ensemble.

2° A quelles conditions la marge d'autofinancement peut-elle être égale au cash flow ?

— L'entreprise ne possède qu'une seule machine productrice et aucune autre immobilisation.

— Elle n'effectue aucune opération financière ou commerciale autre que la vente de ses produits.

— Elle ne subit aucun effet pervers ; elle n'est pas assujettie à la T.V.A. et ne paie en outre aucun impôt.

— Les clients paient au comptant.

— Les fournisseurs sont réglés au comptant.

— Il n'existe au bilan de cette entreprise aucun tiers débiteur ou créditeur à court ou à long terme.

— La fréquence des recettes et des dépenses est constante et connue.

Ces conditions étant respectées, le solde des recettes et des dépenses sera égal au solde des produits et des charges auquel devront être rajoutées les dotations aux amortissements et aux provisions à caractère de réserve de l'exercice (charges non décaissées).

II. — Rentabilité économique

La mesure de cette rentabilité donne lieu à trois phases d'application pratiques.

Première phase : le gestionnaire collecte les informations nécessaires. Plus précisément, il doit évaluer les chiffres d'affaires prévisionnels, les coûts de fabrication prévisionnels, les risques attachés au marché, etc.

Deuxième phase : les renseignements réunis, le gestionnaire détermine les cash flows prévisionnels.

Troisième phase : celle-ci est purement mathématique. On applique une ou plusieurs méthodes de calcul de rentabilité et l'on choisit le ou les projets d'investissement qui paraissent les plus rentables.

Quatre méthodes sont couramment utilisées :

— La valeur actuelle nette (V.A.N.),
— le taux interne de rentabilité (T.I.R.),
— l'indice de profitabilité,
— le délai de récupération du capital investi *(pay back period).*

A. Valeur actuelle nette (V.A.N.)

Le principe de la valeur nette (avant actualisation) est très simple. Il consiste à additionner les cash flows engendrés par un investissement.

Prenons un exemple : soit un investissement dont le coût est de 10 000 F qui rapporterait 4 000 F pendant trois ans.

En négligeant le temps on obtiendrait : 4 000 × 3 = 12 000.

Ce raisonnement est économiquement incomplet car il néglige le temps.

Problème du temps

Le temps qui s'écoule entre le moment où l'on investit et celui ou l'investissement rapporte de l'argent soulève un problème économique important. Deux questions nous viennent à l'esprit ;

	0	1	2	3
cash flow	− 10 000	+ 4 000	+ 4 000	+ 4 000

La V.A.N. serait égale à − 10 000 + 4 000 + 4 000 + 4 000.
= − 10 000 + 12 000.
= + 2 000.

— Est-il équivalent pour nous de toucher le revenu de nos investissements dans un an, dans deux ans ou plus tard ?

— Si le revenu est perçu dans un an ou dans deux ans, le pouvoir d'achat que représente 100 F en période d'inflation est-il identique ?

Evidemment, la réponse à ces deux questions est négative.

La première question soulève le problème de l'actualisation, la seconde celle de l'inflation.

2° Actualisation

a) Principe

Cette notion est totalement indépendante de celle d'inflation. Contrairement à ce que beaucoup d'étudiants imaginent, l'actualisation n'a pas pour but de corriger la baisse du pouvoir d'achat engendrée par l'inflation.

Le raisonnement sera désormais tenu dans un univers où la fixité des prix est parfaite. L'actualisation aura pour but de compenser l'attente de l'argent.

Cette compensation sera élevée si le sujet est pauvre, elle sera faible s'il est riche. Le calcul économique va nous permettre de préciser ces principes en faisant intervenir le taux d'actualisation. Ce dernier va représenter le taux de renoncement à la liquidité immédiate.

Exemple : supposons que nous posions les questions suivantes :

— Préférez-vous toucher 1 000 F immédiatement ou 1 050 F dans un an ?
Réponse : 1 000 F immédiatement.

— Préférez-vous toucher 1 000 F tout de suite ou 1 100 F dans un an ?
Réponse : 1 000 F tout de suite.

— Préférez-vous toucher 1 000 F tout de suite ou 1 140 F dans un an ?
Réponse : 1 000 F tout de suite ou 1 140 F dans un an, cela est pareil pour moi.

Dans ces conditions, on en déduira que le taux de renoncement à la liquidité immédiate est de 14 %.

Autrement dit, la personne interrogée considère que toucher 1 140 F dans un an ou 1 000 F immédiatement est économiquement équivalent quant au résultat. Il s'ensuit que, plus l'individu est pauvre, plus son taux de renoncement est élevé, car sa pauvreté le pousse à préférer l'encaissement immédiat.

$$\text{Le taux i est de 14 \% car } 1 + i = \frac{1\,140}{1\,000} = 1{,}14.$$

Actualiser, consiste donc mathématiquement à diviser le cash flow futur
par $(1 + i)$ pour une période,
par $(1 + i)^2$ pour deux périodes,
par $(1 + i)^n$ pour n périodes.

Plus la recette est « éloignée » dans le temps plus elle est, en valeur, pénalisée.

Rapportant ainsi des revenus futurs à des revenus immédiats équivalents, la comparaison avec la dépense initiale d'investissement devient possible.

b) Incidence du taux d'inflation

Les modèles de rentabilité d'investissement sont exclusivement prévisionnels. Or, les recettes et les dépenses prévues n'intègrent jamais le phénomène d'érosion monétaire. Il n'est en conséquence pas nécessaire de rectifier les cash flows obtenus, d'une inflation qui a été négligée lors de leur estimation.

Supposons qu'on achète une machine qui permet de fabriquer 1 000 articles par an. Le coût de fonctionnement de cette machine est de 10 F par article pour un prix de vente unitaire de 16 F.

Si la machine dure 5 ans, on prévoira un cash flow de 6 000 F pendant 5 ans. Dans ces conditions l'actualisation pénalisera les cash flows du non-encaissement immédiat et l'inflation devra être négligée car elle n'est pas incluse dans la prévision.

Si l'inflation a été incluse et que la hausse prévisionnelle des prix a été intégrée dans les cash flows nous obtiendrons, selon l'exemple chiffré précédent : 6 600 (an 1), 7 400 (an 2), 8 200 (an 3), etc. Désormais, si le taux d'actualisation est de 10 % et le taux de hausse des prix de 3 %, les cash flows prévisionnels devront être divisés par : $(1{,}10 \times 1{,}03)$ la première année $(1{,}10 \times 1{,}03)^2$, la seconde année et $(1{,}10 \times 1{,}03)^n$ la nème année.

Ainsi que nous l'avons vu, le taux d'actualisation est le taux de renoncement à la liquidité immédiate. Ce taux exclut par principe tout phénomène relatif à la hausse des prix.

c) Détermination du taux d'actualisation

Le taux d'actualisation ne saurait légitimement descendre en dessous d'un certain plancher. Ce dernier n'est autre que le taux de rémunération d'un placement dans un établissement financier (caisse d'épargne, banques, chèques postaux).

Le taux plancher tiendra également compte de la rentabilité de la branche dans laquelle l'investissement est réalisé. Si le marché est porteur, on sélectionnera un taux élevé.

Enfin le taux plancher sera majoré d'une prime de risque. Cette prime sera fonction du risque attaché à l'investissement.

Exemple : imaginons que l'on propose à un individu de transporter clandestinement 5 kilogrammes de morphine base aux États-Unis.

Afin de déterminer si ce projet est rentable ou non celui-ci va effectuer le calcul suivant :

« Le prix du billet d'avion et des frais de voyage s'élèvent au total à 10 000 F. Si le taux de placement dans une banque s'élève à 12 % je peux donc *a priori* accepter toute rémunération supérieure à 1,12 × 10 000, soit 11 200 F. Mais le taux de rentabilité du trafic de drogue est très élevé et je vais rajouter une prime de rendement de la branche de 400 %.

Enfin le risque attaché à l'opération est très fort, car, en cas d'échec je perdrai et ma mise de fonds et ma liberté. La prime de risque sera donc, à mes yeux, de 600 %.

En définitive, l'opération est économiquement intéressante pour moi si la valeur actuelle nette est positive pour un taux d'actualisation de 1 000 % pour la durée de l'opération ».

Il est évident que cet exemple n'a pas pour objet d'éveiller chez le lecteur une vocation de trafiquant de drogue mais de mieux faire assimiler les phénomènes économiques.

3° Problème de l'impôt

L'impôt sur les sociétés est égal à 50 % du bénéfice imposable. Cette mesure implique que le calcul des cash flows doit être précédé du calcul de l'impôt sur les sociétés ; le règlement de l'impôt ayant une incidence directe sur le calcul des cash flows.

Exemple : on souhaite connaître la valeur actuelle nette d'un projet d'investissement présentant les caractéristiques suivantes :

Coût de l'investissement : 1 200 F ;
Durée de vie : 3 ans ;
Amortissement linéaire ;
Recettes prévues : 1 000 F, 1 200 F et 1 000 F respectivement l'an 1, 2 et 3 ;
Dépenses de fonctionnement prévues : 500 F, 600 F et 500 F respectivement pour l'an 1, 2, 3 ;
Taux d'actualisation retenu : 10 %.

Remarque : il est conseillé d'établir un tableau de calul pour la détermination de l'impôt sur les sociétés, avant le tableau de calcul des cash flows.

Calcul de la dépense due à l'impôt
sur les sociétés (50 %)

	1	2	3
Produits	+ 1 000	+ 1 200	+ 1 000
Charges	− 500	− 600	− 500
Amortissements	− 400	− 400	− 400
Bénéfice imposable	100	200	100
Impôt sur les sociétés	50	100	50

Il ne reste plus qu'à additionner les recettes et les dépenses de chaque période afin de déterminer les cash flows ; ceux-ci sont ensuite actualisés.

	Début an 1	Fin an 1	Fin an 2	Fin an 3
Recettes d'exploitation		+ 1 000	+ 1 200	+ 1 000
Dépenses d'investissement	− 1 200			
Dépenses d'exploitation		− 500	− 600	− 500
Dépenses d'impôt		− 50	− 100	− 50
Cash flows	− 1 200	+ 450	+ 500	+ 450
Cash flows actualisés (10 %)	− 1 200	+ 409	+ 413	+ 338

Il vient :
Valeur actuelle nette = − 1 200 + 409 + 413 + 338 = − 40.

L'investissement n'est pas rentable à 10 %, car sa V.A.N. est négative.

Le projet est donc rejeté.

Taux interne de rentabilité (T.I.R.)

Le taux de rentabilité interne d'un projet d'investissement est le taux pour lequel la dépense d'investissement est égale au total des cash flows positifs générés par l'investissement et actualisés au même taux.

Exemple : un investissement dont le coût est de 224 500 F rapporte des cash flows positifs de 100 000 F pendant 3 ans.

Le T.I.R. i est tel que

$$224\,590 = \frac{100\,000}{1+i} + \frac{100\,000}{(1+i)^2} + \frac{100\,000}{(1+i)^3} = \frac{1-(1+i)^{-3}}{i} \times 100\,000$$

il vient :

$$\frac{1-(1+i)^{-3}}{i} = \frac{224\,590}{100\,000} = 2{,}245\,90\,.$$

La lecture de la table financière relative à la formule

$\frac{1-(1+i)^{-n}}{i}$, nous indique que

$i = 16\ \%$.

C. Indice de profitabilité

L'indice de profitabilité permet de rapprocher le coût de l'investissement des cash flows qu'il engendre. On l'obtient en appliquant la formule suivante :

$$\frac{\text{Somme des cash flows positifs actualisés}}{\text{Coût de l'investissement}}$$

Cette méthode est complémentaire de celle de la valeur actuelle nette. Elle sera utilisée lorsque les résultats de la V.A.N. sont quasiment identiques et interdisent ainsi un choix définitif.

Exemple : une entreprise hésite entre deux investissements présentant les caractéristiques suivantes :

	Investissement A	Investissement B
Prix d'achat	− 10 000	− 30 000
Cash flows actualisés	+ 11 300	+ 31 500
Valeur actuelle nette	+ 1 300	+ 1 500

On serait tenté de choisir l'investissement B car sa V.A.N. est plus élevée (1 500 F au lieu de 1 300 F).

Le calcul de l'indice de profitabilité va mettre en avant l'investissement A.

$$I_A = \frac{11\,300}{10\,000} = 1{,}13$$

$$I_B = \frac{31\,500}{30\,000} = 1{,}05.$$

Le coût de l'investissement est mis en évidence. On aura peut-être intérêt à sélectionner A car le financement de B, projet trois fois plus cher que A, risque de soulever des difficultés.

Cette méthode est vivement conseillée lorsque les projets d'investissements ont des coûts sensiblement différents.

D. *Pay back period (ou délai de récupération du capital investi)*

Le pay back period est également une méthode complémentaire à celle de la V.A.N. (ou du T.I.R.). Elle consiste à mesurer le temps que l'investissement met à récupérer sa mise de fonds.

Il est évident que plus le délai de récupération du capital investi est court, meilleur est le projet d'investissement.

Cette méthode mérite d'être appliquée aux investissements effectués dans les entreprises de technologie de pointe (informatique par exemple) où les investissements risquent d'être rapidement obsolètes.

Elle est utilisée par certaines entreprises multinationales comme méthode de première sélection. A titre d'exemple la politique de l'entreprise sera :

« Tout investissement dont la durée de récupération du capital investi est supérieure à 18 mois est rejeté définitivement. »

Exemple : soit un investissement dont le coût est de 3 000 F et qui rapporte des cash flows actualisés de 2 000, 1 000, 1 000 et 1 000 F respectivement les années 1, 2, 3 et 4 ; calculer le délai de récupération du capital investi.

La réponse est très simple puisqu'au bout de deux ans la société a récupéré sa mise de fonds (2 000 + 1 000 = 3 000 F).

Remarque : le calcul du délai de récupération du capital investi suppose l'actualisation préalable des cash flows. A défaut de quoi, on comparerait ce qui n'est pas comparable.

Conclusion

Le V.A.N. et le T.I.R. sont des méthodes similaires et fournissent, en général, des résultats identiques.

Elles présentent l'inconvénient de négliger le coût de l'investissement et les problèmes de financement qu'il entraîne.

Les méthodes d'indice de profitabilité et de délai de récupération du capital investi, mettent l'aspect financement en évidence. Elles doivent donc être utilisées conjointement à l'une ou l'autre des deux méthodes de base (V.A.N. ou T.I.R.).

III. — Rentabilité financière

L'étude de la rentabilité économique des investissements a négligé les problèmes liés au financement des investissements. Le financement n'a pas pour autant été éliminé des calculs, car on supposait implicitement que l'entreprise finançait ses investissements avec ses fonds propres.

Nous allons raisonner d'une manière différente en intégrant à nos calculs le coût du capital.

L'objectif ne sera plus la rentabilité économique de l'investissement mais la rentabilité financière des capitaux apportés par l'investisseur.

Signalons un point commun important entre la notion de rentabilité économique et celle de rentabilité financière : les raisonnements sont tenus en termes de recettes et de dépenses.

A. Exemple d'application

Une entreprise souhaite acquérir une machine pour 1 000 F. Les cash flows espérés sont de 600 F par an pendant trois ans. L'entrepreneur peut, soit financer son investissement par des fonds propres, soit recourir à un emprunt de 600 F au taux de 10 % et à des fonds propres à concurrence de 400 F.

— Quel financement choisir ?
— Quelles en sont les conséquences ?

1° Premier mode de financement

L'entrepreneur finance son investissement par ses fonds propres.

Déterminons en premier lieu le décaissement dû à l'impôt sur les sociétés, la machine étant amortie linéairement sur tois ans

	Début an n	Fin an n	Fin an n + 1	Fin an n + 2
Marge avant amortissements et frais financiers	– 1 000	+ 600	+ 600	+ 600
Amortissements		– 333	– 333	– 334
Bénéfice imposable		267	267	266
Impôt société		130(1)	130	130

La marge [1] avant impôt sur les sociétés et avant frais financiers a été supposée égale au cash flow brut.

	Début an n	Fin an n	Fin an n + 1	Fin an n + 2
Cash flows bruts .... I.S.	– 1 000	+ 600 – 130	+ 600 – 130	+ 600 – 130
Cash flows nets	– 1 000	+ 470	+ 470	+ 470

Calculons le taux de rentabilité interne ; celui-ci doit répondre à l'égalité suivante :

soit $$\frac{1-(1+i)^{-3}}{i} = \frac{1\,000}{470} = 2{,}127\,6\,.$$

La table nous indique que $\dfrac{1-(1{,}19)^{-3}}{0{,}19} = 2{,}140$

et que $$\frac{1-(1{,}20)^{-3}}{0{,}2} = 2{,}106$$

$$\Delta = 0{,}034$$

or $$2{,}140 - 2{,}127 = 0{,}013$$

et $$\frac{0{,}013}{0{,}034} = 0{,}38\,.$$

Le taux de rentabilité interne est donc de 19 % + 0,38 % = 19,38 %.

Ce taux de rentabilité économique est égal au taux de rentabilité financière. Le chef d'entreprise a investi 1 000 F qui lui rapportent 19,38 % pendant trois ans.

2° Deuxième mode de financement

La question est désormais de savoir si cette rentabilité financière est améliorée lorsque la machine est financée par un emprunt pour 600 F et par le chef d'entreprise pour 400 F.

Le calcul se décompose désormais selon trois tableaux :

a) Tableau d'amortissement de l'emprunt de 600 F au taux de 10 % sur 3 ans

L'emprunt est à amortissements constants (200).

(1) L'assiette de l'impôt sur les sociétés est toujours arrondie à la dizaine de francs inférieure.

Fin exercice	Emprunt	Remboursement	Intérêts	Annuité
n	600	200	60	260
n + 1	400	200	40	240
n + 2	200	200	20	220

b) Décaissement dû au titre de l'impôt sur les sociétés

	n	n + 1	n + 2
Marges	600	600	600
Dotations aux amortissements	– 333	– 333	– 334
Frais financiers	– 60	– 40	– 20
Bénéfice imposable	+ 207	+ 227	+ 246
I.S.	100	110	120

c) Cash flows

	Début an n	Fin an n	Fin an n + 1	Fin an n + 2
Décaissements	– 400			
Marges encaissées		+ 600	+ 600	+ 600
Annuité		– 260	– 240	– 220
I.S.		– 100	– 110	– 120
Cash flows nets	– 400	240	250	260

Nous pouvons désormais calculer la rentabilité financière, c'est-à-dire la rentabilité des capitaux propres investis, soit 400 F.

Le taux interne de rentabilité financière répondra à l'égalité suivante :

$$400 = \frac{240}{1 + i} + \frac{250}{(1 + i)^2} + \frac{260}{(1 + i)^3}$$

En procédant par tâtonnement, il vient :

i %	i = 20 %	30 %	40 %	39 %	38 %
n	200	184,60	171,42	172,66	173,91
n + 1	173,60	147,90	127,55	129,39	131,50
n + 2	150,40	118,30	94,75	96,79	98,93
	524,—	450,80	393,72	398,84	404,14

Le taux de rentabilité financière des 400 F investis par l'entrepreneur s'élève désormais à 38,6 % au lieu de 19,38 %. On dira que l'entrepreneur a bénéficié de l'effet de levier.

Cette amélioration du taux de rentabilité financière était prévisible. En effet, le taux interne de rentabilité était de 19,38 % alors que le taux de rémunération des capitaux empruntés était de 10 %. En négligeant l'incidence fiscale, on constate que l'entrepreneur bénéficie de deux effets favorables :

1) d'un taux de rendement de 19,38 % sur les 400 F qu'il a investis.

2) d'un surprofit issu de la différence favorable des taux. Ce surprofit peut se calculer ainsi :

600 × (19,38 % − 10 %).

Ce deuxième élément élève le taux de rentabilité des capitaux propres investis par l'entrepreneur de 19,38 % à 38,6 %.

3° Troisième mode de financement

Supposons que l'investissement ait été financé à concurrence de 999 F par l'emprunt et de 1 F par les fonds propres de l'entrepreneur.

a) Tableau d'amortissement de l'emprunt

	Emprunt	Remboursement	Intérêts	Annuité
n	999	333	99,90	432,90
n + 1	666	333	66,60	399,60
n + 2	333	333	33,30	366,30

b) Impôt sur les sociétés

Flux	n	n + 1	n + 2
Marges	600	600	600
Frais financiers	− 99,90	− 66,60	− 33,30
Dotations aux amortissements	− 333	− 333	− 334
Bénéfice imposable	167,10	200,40	232,70
I.S.	80	100	115

L'assiette de l'impôt sur les sociétés est arrondie à la dizaine de francs inférieure.

c) Cash flows

	Début an n	Fin an n	Fin an n + 1	Fin an n + 2
Apports capitaux propres .	– 1			
Marges encaissées		600	600	600
Annuité		– 432,90	– 399,60	– 366,30
I.S.		– 80	– 100	– 115
	– 1	87,10	100,40	118,70

On constate que malgré l'effet pervers de la fiscalité, le franc investi par l'entrepreneur rapporte successivement à la clôture des trois années 87,10 F, 100,40 F et 118,70 F.

Aucune table financière ne peut nous donner le taux de rentabilité financière ainsi obtenu car celui-ci est trop élevé. Toutefois, le cumul des trois cash flows nous donne 306,20 F ; autrement exprimé, le franc investi par l'entrepreneur rapporte 306,20 fois sa propre valeur. L'entrepreneur a alors bénéficié de l'effet de levier à 99,9 %.

Résumons les résultats obtenus selon les trois modes de financement :

1° Financement à 100 % par des capitaux propres.

	Début an n	Fin an n	Fin an n + 1	Fin an n + 3
Cash flows	– 1 000	470	470	470

Taux de rentabilité des capitaux propres investis = taux interne de rentabilité de l'investissement = 19,38 %.

2° Financement à 60 % par un emprunt à 10 % sur trois ans
à 40 % par des capitaux propres

	Début an n	Fin an n	Fin an n + 1	Fin an n + 2
Cash flows	– 400	240	250	260

Taux interne de rentabilité des capitaux propres investis 38,6 %.

3° Financement à 99,90 % par un emprunt à 10 % sur 3 ans.
à 0,10 % par des capitaux propres.

	Début an n	Fin an n	Fin an n + 1	Fin an n + 2
Cash flows	– 1	87,10	100,40	118,70

Taux interne de rentabilité des capitaux propres investis : 8 650 %.

Le tableau de la valeur nette non actualisée se présente comme suit :

Mode de financement	Début n	Fin an n	Fin an n + 1	Fin an n + 2	Cash flows cumulés non actualisés (valeurs nettes non actualisées)
1°	− 1 000	+ 470	+ 470	+ 470	410
2°	− 400	+ 240	+ 250	+ 260	350
3°	− 1	+ 87,10	+ 100,40	+ 118,70	305,20

On constate que plus le taux de rentabilité interne des capitaux propres investis est élevé, plus la valeur nette non actualisée est faible.

Du point de vue de l'actionnaire, le financement externe est favorable, car il maximise le taux de rentabilité de ses capitaux. Ce phénomène est connu sous le terme d'« effet de levier ».

Du point de vue de la société, le prélèvement des établissements prêteurs au titre des frais financiers amoindrit apparemment le résultat global de l'opération. L'effet de levier (en cas de financement externe) élève sensiblement le taux de rentabilité interne des capitaux investis mais diminue la valeur actuelle nette. Or, l'entreprise recherche la valeur actuelle nette la plus élevée tandis que l'investisseur souhaite obtenir le taux de rendement le plus élevé.

La question est donc de savoir s'il existe une répartition optimale entre la part du financement interne et celle du financement externe et si l'amoindrisement de la valeur actuelle nette, dû au recours à l'emprunt, est réel ou apparent.

B. Avantages et inconvénients de l'effet de levier

Nous reprendrons l'exemple chiffré précédemment étudié.

1° L'entreprise ne peut pas s'autofinancer

Dans ce cas, l'entreprise investira si le taux de rentabilité de l'investissement est supérieur au taux de rémunération des capitaux empruntés. Elle bénéficiera d'un effet de levier favorable. Rappelons que la fiscalité peut fausser les résultats.

2° L'entreprise peut s'autofinancer en totalité

L'objectif principal est de transformer les 1 000 F, dont l'entreprise dispose, en une somme la plus élevée possible. Cette transformation est fonction du contexte économique et financier de l'entreprise.

Premier type d'hypothèse

a) Hypothèse économique

Le marché peut absorber toute la production de l'entreprise, aussi élevée soit elle.

b) Hypothèse financière

L'entreprise peut obtenir de sa banque un emprunt illimité en valeur au taux de 10 % l'an sur trois ans.

Si ces deux hypothèses sont respectées, l'entreprise a intérêt à profiter au maximum de l'effet de levier. Elle va donc acquérir 1 000 machines à 1 000 F (par exemple) en les finançant par des fonds propres à concurrence de 1 000 F et par un emprunt de 999 000 F. Il est possible d'envisager un financement externe encore plus fort, tel que 10 000 machines soient financées par 1 000 F de fonds propres et par un emprunt de 9 999 000 F. Ce financement peut alors tendre mathématiquement vers l'infini.

Dans ces conditions, les 1 000 F de capitaux propres investis dans cette opération, financent à 1 ‰ les mille machines (1 F de capitaux propres et 999 F d'emprunt, par machine) tandis que l'emprunt de 999 000 F les finance à 999 ‰.

Nous avons vu plus haut que chaque machine dégageait dans ces conditions 306,20 F de cash flows positifs (V.A.N. de 305,20 F, soit 306,20 − 1 F investi) non actualisés.

Ainsi, sans actualiser, les 1 000 F rapportent 306,20 × 1 000 soit 306 200 F. La valeur actuelle nette financière est de 306 200 − 1 000 soit 305 200 F.

Si nous actualisons au taux de 10 %, ce résultat baisse sensiblement. Les 1 000 F rapportent désormais 1 000 × 251 soit 251 000 F. Le gain est malgré cela excessivement élevé, puisqu'il représente 251 fois la mise, soit un chiffre très supérieur à la roulette d'un casino où l'on aurait joué le bon numéro (36 fois la mise).

Au fur et à mesure que le financement par des capitaux propres diminue et que l'emprunt augmente corrélativement, le gain s'accroît et tend vers l'infini. Cette hypothèse est malgré tout peu réaliste, car les hypothèses économiques et financières évoquées plus haut, ont des limites.

Deuxième type d'hypothèse

Le marché ne peut absorber que la production d'une seule machine, et/ou la banque ne veut prêter que 999 F.

Selon ces deux hypothèses, indépendantes ou simultanées, l'entreprise ne peut financer qu'une seule machine (en apportant 1 F).

Nous allons constater que la rentabilité de l'opération dépend alors des conditions de placement des capitaux propres non investis dans la machine. Nous supposerons donc que ces derniers peuvent être placés à la banque au taux de 10 % l'an. Enfin, le taux d'actualisation retenu sera de 10 % (comme précédemment).

a) Premier mode de financement

L'entreprise finance son investissement par des fonds propres (sans emprunter). Nous avons vu plus haut que les 1 000 F rapportaient 1 410 F (sans actualiser).

En actualisant à 10 %, les 1 000 F se transformaient en :

$$\frac{470}{(1,1)} + \frac{470}{(1,1)^2} + \frac{470}{(1,1)^3} = 427 + 388 + 353 = 1\,168 \text{ F};$$

la V.A.N. est de 168 F. La totalité des capitaux propres étant investie, aucune possibilité de placement n'est alors offerte à l'entreprise.

Deuxième mode de financement et de placement

L'entreprise finance l'investissement de 1 000 F par des fonds propres pour 400 F, et par un emprunt de 600 F, au taux de 10 %, remboursable par amortissements constants sur trois ans.

Comment vont se transformer les 1 000 F dont dispose l'entreprise ?

Les 400 F investis dans la machine rapportent 750 F sans actualiser.

Si nous actualisons il vient :

$$\frac{240}{(1,1)} + \frac{250}{(1,1)^2} + \frac{260}{(1,1)^3} = 218 + 207 + 195 = 620 \text{ F}.$$

Les 600 F restant peuvent être placés à 10 % et rapportent un intérêt brut de 60 F pendant trois ans. En raison de l'impôt sur les sociétés, les produits financiers perçus doivent être divisés par deux. L'entreprise touche ainsi trois fois 30 F, net d'impôt. Ce revenu, encaissé à la clôture des trois exercices doit être actualisé au taux de 10 %.

Il vient :

$$\frac{30}{(1,1)} + \frac{30}{(1,1)^2} + \frac{30}{(1,1)^3} = 27 + 25 + 23 = 75 \text{ F}.$$

Enfin, à l'issue de la troisième année, l'entreprise récupère les 600 F placés. En actualisant cette recette il vient :

$$\frac{600}{(1,1)^3} = 451 \text{ F}.$$

Les 1 000 F investis rapportent donc :

620 + 75 + 451 soit 1 146 F.

Nous constatons alors que la rentabilité la plus élevée est obtenue par un financement intégral par fonds propres (1 168).

c) Troisième mode de financement et de placement

L'entreprise finance l'investissement de 1 000 F par des fonds propres pour 1 F, et par un emprunt de 999 F remboursable au taux de 10 % sur trois ans par amortissements constants.

Le franc investi rapporte (en actualisant à 10 %) :

$$\frac{87}{(1,1)} + \frac{100}{(1,1)^2} + \frac{118}{(1,1)^3} = 79 + 83 + 89 = 251 \text{ F}.$$

Les 999 F de fonds propres disponibles sont placés à la banque, pendant trois ans au taux de 10 % et rapportent à la clôture de chacun des trois exercices 99,9 F. Les produits financiers nets d'impôt s'élèvent à 49,95 F.

En actualisant ces recettes à 10 %, il vient :

$$\frac{49{,}95}{(1{,}1)} + \frac{49{,}95}{(1{,}1)^2} + \frac{49{,}95}{(1{,}1)^3} = 45 + 41 + 38 = 124\text{ F}.$$

A l'issue de la troisième année, l'entreprise récupère en outre le capital qu'elle avait placé (999 F).

Il vient en actualisant : $\frac{999}{(1{,}1)^3} = 751$ F.

Les 1 000 F investis rapportent donc : 251 + 124 + 751 soit 1 126 F.

d) Hypothèse de financement sans placement

Supposons maintenant que l'entreprise ne place pas d'argent disponible. On obtient :

Dans la première hypothèse : les 1 000 F rapportent 1 168 F.

Dans la seconde hypothèse : les 1 000 F rapportent 620 + 600 (immédiatement disponibles) soit 1 220 F.

Dans la troisième hypothèse : les 1 000 F rapportent 251 + 999 (immédiatement disponibles) soit 1 250 F.

La meilleure solution, pour les actionnaires est donc la troisième. Ceux-ci récupèrent leur mise de fonds et profitent au maximum de l'effet de levier.

Il existe donc une solution idéale pour les actionnaires et une solution idéale pour l'entreprise. Ces deux solutions ne sont pourtant pas opposées.

En réalité, le contre effet de levier est, dans cette optique (restitution des capitaux aux actionnaires) transféré de l'entreprise aux actionnaires. Ces derniers subiront alors les conséquences du contre effet de levier.

Enfin rappelons que l'investissement productif va entraîner un supplément de fonds de roulement normatif qui va nécessiter une hausse de capitaux permanents.

Si 999 F ont été remboursés aux actionnaires, l'insuffisance de ressources peut déclencher un déséquilibre financier.

Résumons par un tableau les résultats obtenus :

Nous constatons qu'en actualisant les cash flows et en plaçant les capitaux disponibles, la meilleure rentabilité est obtenue par le financement par fonds propres (1 168 > 1 146 > 1 126) ; en outre, plus on fait appel à l'emprunt, plus la rentabilité baisse.

Si les fonds disponibles ne sont pas placés, les résultats sont inversés et le troisième mode de financement est le meilleur (1 250).

Si les cash flows ne sont pas actualisés, la troisième solution est la meilleure (1 454 > 1 440 > 1 410) ; ainsi la rentabilité est d'autant meilleure que l'on emprunte davantage.

On obtient le même résultat en se référant au taux interne de rentabilité des capitaux propres investis. Ce dernier taux augmentant avec l'emprunt (19,38 % < 38,6 % < 8 650 %).

Enfin, le taux de rentabilité des capitaux placés est faible (5 %), puisqu'il y a imposition fiscale à 50 % sur les produits financiers.

Modalités de financement	Somme des cash flows positifs obtenus (actualisés (à 10 %)	Somme des cash flows non actualisés avec placement	Somme des cash flows actualisés sans placement	T.I.R. des capitaux propres investis	T.I.R. des capitaux propres placés
a)					
1 000 F par fonds propres .	1 168	1 410	1 168	19,38 %	Néant
b)					
400 F par fonds propres ..	620	750	620	38,6 %	
600 F placés à 10 %	75	90			5 %
récupérés au bout de 3 ans	451	600	600		
TOTAL	1 146	1 440	1 220		
c)					
1 F par fonds propres	251	305	251	8 650 %	
999 F placés à 10 %	124	150			5 %
et récupérés au bout de 3 ans	751	999	999		
TOTAL	1 126	1 454	1 250		

Les résultats, illustrés par le tableau précédent, sont donc *a priori* paradoxaux. Deux questions peuvent ainsi être posées :

— pourquoi les résultats obtenus se contredisent-ils ?
— quel mode de financement choisir ?

e) Pourquoi les résultats sont-ils contradictoires ? (contre effet de levier)

Les résultats obtenus suggèrent des solutions opposées. La raison en est que le placement des capitaux non investis (modes de financement b et c) est faible du fait de la taxation des produits financiers. Nous savons que le taux interne de rentabilité des capitaux propres investis est égal au taux interne de rentabilité de l'investissement lorsqu'on le finance par des fonds propres exclusivement (mode de financement a). Ce taux est de 19,38 %. Nous savons que le taux de rémunération des capitaux d'emprunt est égal à 10 % brut (5 % net d'impôt). Ce taux est très inférieur au taux de rentabilité économique de 19,38 %. Ceci explique que les apporteurs de capitaux propres bénéficient d'un effet de levier favorable, d'autant plus élevé que l'on emprunte. Cet effet de levier est dû au surprofit résultant de la différence de taux, multipliée par le montant de l'emprunt, corrigé des diverses incidences fiscales.

A l'inverse, lorsque la société place ses capitaux propres à 5 % net d'impôt, elle réalise un contre effet de levier dû à la différence de taux (5 % et 19,38 %), cette fois-ci défavorable. Ce contre effet vient contrebalancer désavantageusement l'effet favorable, ce qui explique les résultats, apparemment contradictoires, obtenus.

f) Quel mode de financement choisir ?

Dans les conditions précédemment évoquées, étant admis qu'il est incohérent de ne pas actualiser, la première solution est la meilleure ; le contre effet de levier étant, dans cet exemple, plus élevé que l'effet de levier. On obtient ainsi une valeur actuelle nette de 1 168 − 1 000 soit 168 F comme solution optimale en plaçant. Inversement la V.A.N. la plus forte est de 1 250 F si les fonds disponibles ne sont pas placés.

Il est donc nécessaire de comparer le surprofit attendu de l'effet de levier, au déficit déclenché par le contre effet.

IV. — Etude de cas

ÉNONCÉ

L'essor commercial d'une entreprise est freiné actuellement par le service de production qui a des difficultés pour répondre à la demande de plaques à crêpes et par les délais de livraison qui augmentent.

La capacité de production de la chaîne actuelle est de 20 000 appareils par an.

Les coûts de production remettent en cause, à terme, la compétitivité des produits face à la concurrence.

Le marché potentiel du produit peut être estimé à 30 000 appareils par an, niveau qui devrait se stabiliser les années suivantes.

L'achat d'une nouvelle chaîne de fabrication est donc envisagé par les services technique et financier qui ont le choix entre deux équipements :

	Chaîne robuste à technicité moyenne	Chaîne de haute technicité
Investissement	2 200 000 F	2 800 000 F
Capacité de production	35 000 appareils par an	30 000 appareils par an
Durée de vie	5 ans	7 ans
Charges d'exploitation annuelles hors amortissement par unité produite	176 F	170 F

Le taux d'impôt est de 50 %.

Le prix de vente prévisionnel de l'article est de 200 F et ne devrait pas évoluer sensiblement au cours des prochaines années compte tenu de la nature du produit.

L'amortissement du matériel est linéaire et la valeur résiduelle est supposée être la valeur nette comptable.

Le taux d'actualisation retenu est de 11,5 %.

1° En prenant comme critère la V.A.N. (valeur actualisée nette) de l'investissement, quel matériel sera retenu ? On prendra en compte l'influence de la fiscalité.

2° Quel est le délai de récupération de ces deux investissements ?

3° Quel est le taux de rentabilité de chacun de ces investissements ?

4° Commentez ces résultats.

CORRIGÉ

La capacité d'absorption du marché étant limitée à 30 000 unités ; ce dernier chiffre sera retenu.

1° Calcul de la valeur actuelle nette

Calcul de la V.A.N. de la chaîne à faible technicité

Tableau de calcul de l'I.S. (en KF)

M	1	2	3	4	5
Produits (200 × 30 000)	6 000	6 000	6 000	6 000	6 000
Charges (176 × 30 000)	– 5 280	– 5 280	– 5 280	– 5 280	– 5 280
Dotations aux amortissements	– 440	– 440	– 440	– 440	– 440
Assiette de l'impôt	280	280	280	280	280
Impôt sur les sociétés	140	140	140	140	140

Tableau de calcul des cash flows (en KF)

	0	1	2	3	4	5
Investissements	– 2 200					
Recettes		6 000	6 000	6 000	6 000	6 000
Dépenses		– 5 280	– 5 280	– 5 280	– 5 280	– 5 280
Dépenses I.S.		– 140	– 140	– 140	– 140	– 140
Cash flows	– 2 200	+ 580	+ 580	+ 580	+ 580	+ 580

En actualisant au taux de 11,5 % on obtient :

$$\text{V.A.N. } (11{,}5\ \%) = -\ 2\ 200 + 580 \times \frac{1 - (1{,}115)^{-5}}{0{,}115}$$

$$\text{V.A.N.} = -\ 2\ 200 + 580 \times 3{,}649878$$

$$\text{V.A.N.} = -\ 83\ 070.$$

La V.A.N. étant négative, ce projet d'investissement est rejeté.

Calcul de la V.A.N. de la chaîne à haute technicité

Calcul de l'I.S. (en KF)

	1	2	3	4	5	6	7
Produits	6 000	6 000	6 000	6 000	6 000	6 000	6 000
Charges 170 × 30 000	– 5 100	– 5 100	– 5 100	– 5 100	– 5 100	– 5 1000	– 5 100
Dotations aux amortissements	– 400	– 400	– 400	– 400	– 400	– 400	– 400
Assiette impôt	500	500	500	500	500	500	500
I.S.	250	250	250	250	250	250	250

Calcul des cash flows (en KF)

	0	1	2	3	4	5	6	7
Investissement	– 2 800							
Recettes		6 000	6 000	6 000	6 000	6 000	6 000	6 000
Dépenses		– 5 100	– 5 100	– 5 100	– 5 100	– 5 100	– 5 100	– 5 100
Dépenses I.S.		– 250	– 250	– 250	– 250	– 250	– 250	– 250
Cash flows	– 2 800	+ 650	+ 650	+ 650	+ 650	+ 650	+ 650	+ 650

$$\text{V.A.N. } (11{,}5\ \%) = -\ 2\ 800 + 650 \times \frac{1 - (1{,}115)^{-7}}{0{,}115}$$

$$\text{V.A.N. } (11{,}5\ \%) = -\ 2\ 800 + 650 \times 4{,}367035$$

$$\text{V.A.N. } (11{,}5\ \%) = +\ 38\ 573.$$

Ce matériel est donc choisi selon le critère de la V.A.N.

2° **Pay back Period ou délai de récupération du capital investi**

— *chaîne à faible technicité :*

$$\frac{2\ 200\ 000}{580\ 000} = 3{,}79 \text{ soit 3 ans et 9 mois.}$$

En actualisant on obtient 5 ans et 4 mois.

— *chaîne à haute technicité :*

$$\frac{2\ 800\ 000}{650\ 000} = 4{,}307 \text{ soit 4 ans et 4 mois.}$$

En actualisant on obtient 6 ans et 5 mois.

La chaîne à faible technicité est préférée en théorie ; pratiquement les deux chaînes sont rejetées.

3° Le taux interne de rentabilité est obtenu en égalant la dépense d'investissement au total des cash flows actualisés au taux interne. Il vient :

— ***chaîne à faible technicité :***

$$\frac{1 - (1 + i)^{-5}}{i} = \frac{2\ 200}{580} = 3{,}79 \rightarrow i = 10\ \%$$

— ***chaîne à haute technicité :***

$$\frac{1 - (1 + i)^{-7}}{i} = \frac{2\ 800}{650} = 4{,}307 \rightarrow i = 13{,}85\ \%.$$

La chaîne à haute technicité est choisie.

4° Commentaires

La V.A.N. et le T.I.R. sélectionnent le projet à haute technicité, alors que la méthode du délai de récupération du capital investi inverse la solution (en théorie).

Ceci tient au fait que la V.A.N. et le T.I.R. négligent relativement le coût de l'investissement, alors que la méthode de la pay back period l'intègre.

Si l'entreprise est en suréquilibre financier, elle choisira la chaîne à haute technicité (politique du riche).

A contrario en cas de déséquilibre financier, la chaîne robuste peut être sélectionnée (politique du pauvre).

LE POINT MORT (Seuil de rentabilité)

9

Le point mort ou seuil de rentabilité est un modèle économique extrêmement simple, particulièrement adapté aux entreprises commerciales.

Nous examinerons préalablement les grands principes de la comptabilité analytique.

I. — Comptabilité analytique

Cette comptabilité a pour but d'analyser les coûts et les prix de revient des articles fabriqués puis vendus par l'entreprise. Elle permet ainsi d'expliquer les résultats dégagés produit par produit.

La prévision des budgets, l'analyse des écarts entre le réel et le prévu entrent dans le cadre de la comptabilité analytique.

Désormais le découpage de l'entreprise est différent. On distingue divers centres d'analyse rattachés à une fonction économique particulière. Nous fournissons, à titre d'exemple, le classement suivant :

Fonctions généralement communes à l'unité économique	Fonctions généralement communes à plusieurs activités	Fonctions généralement propres à chaque activité
Administration générale Financement	Gestion du personnel Gestion des bâtiments Gestion du matériel Prestations connexes	Approvisionnement Etude technique et recherche Production Distribution

Les charges sont classées par fonction mais peuvent l'être également selon certaines caractéristiques économiques. On distingue ainsi les frais fixes (également dénommés frais de structure) et les frais variables (ou frais proportionnels).

1° Frais variables

Il s'agit des frais qui varient proportionnellement au volume d'activité de l'entreprise. Cette activité étant définie par la production (ou plus simplement par les ventes).

Graphiquement, nous obtenons :

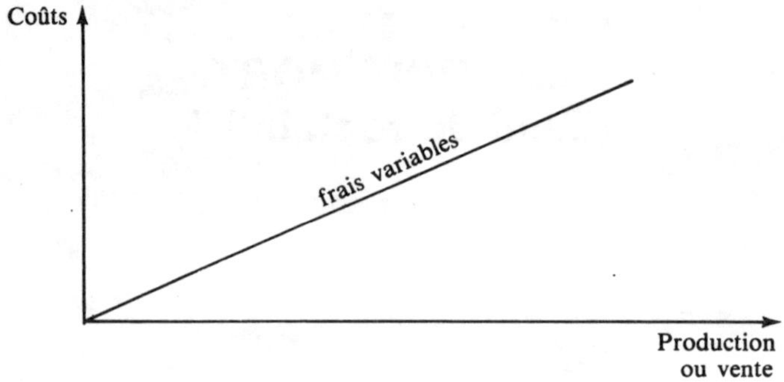

Dans la pratique, les frais variables ne le sont jamais directement. On admet ainsi l'existence de frais semi-variables. Certains frais, tels que les frais de personnel, sont rigides à la baisse et élastiques à la hausse.

Leur représentation graphique est fournie par le schéma suivant :

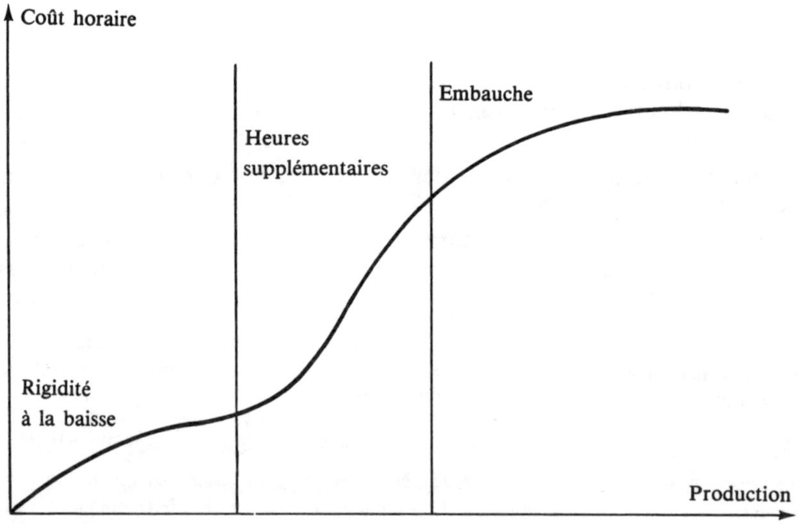

Seront considérés comme variables : les frais du personnel productif, les frais de fonctionnement des ateliers (électricité, chauffage, etc.), les dotations aux amortissements du matériel de fabrication... etc.

2° **Frais fixes**

Les frais fixes ne le sont pas totalement mais on constate qu'ils augmentent par palier. Cela signifie que si la production augmente de 10 % ils peuvent ne pas varier ; en revanche si la production double, l'entreprise peut avoir besoin d'augmenter ses frais de structure afin de répondre à la nouvelle demande.

A titre d'exemple, nous citerons les frais de personnel administratif, les frais relatifs aux locaux administratifs, les dotations aux amortissements des immobilisations non productives.

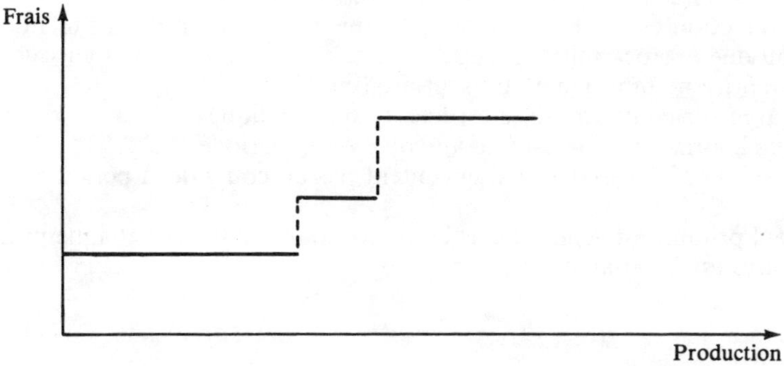

II. — Modèle du point mort

A. Définition

Le point mort ou seuil de rentabilité est le chiffre d'affaires limite au-delà duquel l'entreprise réalise des profits et en-deçà duquel des pertes apparaissent. Autrement dit lorsque le chiffre d'affaires point mort est atteint, le bénéfice est égal à zéro.

Exemple : une entreprise à 100 000 F de frais fixes par mois.

La comptabilité analytique fournit les données suivantes, par article :

Coût variable unitaire	− 20 F
Prix de vente unitaire	+ 30 F
Marge sur coût variable unitaire	+ 10 F

Le point mort est atteint lorsque la marge globale sur coût variable couvre les frais fixes (100 000 F), c'est-à-dire lorsque la production vendue est en quantité de 100 000/10, soit 10 000 articles.

Le chiffre d'affaires point mort est alors de :
10 000 × 30 F = 300 000 F.

Si nous établissons un compte de résultat simplifié nous obtenons :

D	Compte de résultat		C
Charges variables (10 000 × 20)	200 000	Ventes	300 000
Charges fixes	100 000		
Bénéfice	0		
	300 000		300 000

On vérifie ainsi que le résultat est nul.

L'approche traditionnelle du point mort implique des hypothèses restrictives.

a) les coûts fixes sont invariables ;

b) les coûts variables sont directement liés au volume de la production (hypothèse qui ignore la loi des rendements croissants et décroissants) ;

c) la production est égale aux ventes, ce qui suppose qu'il n'y ait ni stock initial, ni stock final ou que le stock initial est égal au stock final en volume et en valeur ;

d) l'entreprise ne fabrique qu'un seul produit ;

e) la marge sur coûts variables est fixe, ce qui implique :

— que le prix de vente est fixe au cours de la période ;

— que les coûts variables n'augmentent pas au cours de la période (pas d'érosion monétaire) ;

f) un seul produit est vendu. Dans le cas contraire, le part de chaque produit dans le chiffre d'affaires est invariante.

B. Représentation graphique

Il existe deux procédés de représentation graphique du point mort.

1° Droite de point mort

Une entreprise fabrique un article dont le coût variable unitaire est de 8 F.

Le prix de vente unitaire est de 12 F.

Les coûts fixes annuels sont de 400 000 F.

Calculons le point mort.

En désignant par x les ventes et par y les coûts. Nous obtenons la droite des coûts variables.

$$y_1 = \frac{8}{12} x = \frac{2}{3} x ;$$

la droite des coûts fixes annuels :

$$y_2 = 400\,000 ;$$

et la droite des coûts totaux :

$$y = y_1 + y_2 = \frac{2}{3} x + 400\,000.$$

La droite du point mort est telle que le chiffre d'affaires est égal aux charges (c'est-à-dire au total des coûts).

Son équation est donc : $y = x$.

La représentation graphique est la suivante :

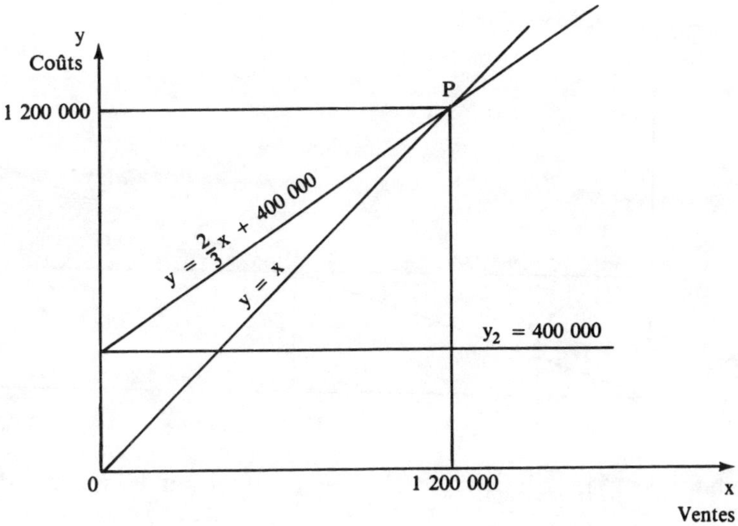

Le résultat peut être obtenu par le calcul en résolvant le système de deux équations à deux inconnues :

$$\begin{cases} y = x \quad (1) \\ y = \frac{2}{3}x + 400\,000 \quad (2) \end{cases}$$

en substituant (1) dans (2) il vient :

$x = \frac{2}{3}x + 400\,000$

$\frac{1}{3}x = 400\,000$

x = 1 200 000 F représenté graphiquement par le point P (1 200 000, 1 200 000).

2° **Marge sur coûts variables**

En reprenant les données de l'exercice précédent, l'équation de la marge sur coûts variables (MCV = 12 − 8 = 4) peut s'écrire $y = \frac{4}{12}x = \frac{1}{3}x$.

A partir du moment où cette marge couvre les frais fixes, l'entreprise entre en zone bénéficiaire.

Graphiquement nous obtenons :

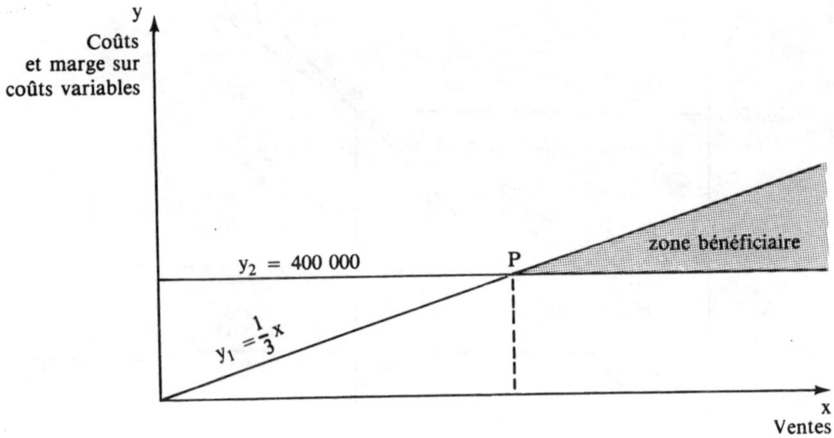

Mathématiquement, la solution est obtenue en résolvant le système d'équation suivant :

$$\begin{cases} y = 400\,000 \\ y = \frac{1}{3}x \end{cases}$$

Il vient $\frac{1}{3}x = 400\,000$

et x = 1 200 000.

Le chiffre d'affaires point mort est donc de 1 200 000 F.

L'ÉVALUATION DES ENTREPRISES 10

La valeur d'un bien est fondée sur la notion d'échange. On peut ainsi la définir comme le prix d'équilibre auquel le vendeur accepte de vendre et l'acheteur accepte d'acheter.

Ainsi la valeur d'une entreprise va être fonction de critères susceptibles de faire évoluer le désir d'achat ou de vente. Nous distinguerons successivement les critères objectifs et les critères subjectifs.

I. — Les critères subjectifs

Ces critères sont fondés sur la notion d'utilité, c'est-à-dire sur l'intensité du désir d'achat et sur celle du désir de vendre. Ceci nous ramène à un jeu à deux antagonistes (l'acheteur et le vendeur). L'acheteur essaiera de payer le prix le plus faible possible et le vendeur suivra la politique inverse. Le fruit des discussions fixera le prix d'échange. Cette conclusion ne signifie pourtant pas que les deux antagonistes ont réalisé une opération satisfaisante. Bien souvent l'un des deux partenaires (acheteur ou vendeur) sera lésé. La question est alors de savoir quels peuvent être les éléments susceptibles d'élever l'intensité du désir d'achat. Nous examinerons les éléments psychologiques et les éléments économiques.

§ *1. — LES ÉLÉMENTS PSYCHOLOGIQUES*

Le plus courant de ces éléments est la notoriété dont jouit l'entreprise. L'acheteur acceptera de payer un surprix, c'est-à-dire une valeur très supérieure à la valeur économique du bien, car un certain prestige rejaillira sur lui. L'achat de la firme FERRARI par la Société FIAT traduit clairement ce besoin de notoriété. L'acheteur d'une brasserie acceptera de payer un surprix s'il s'agit de la brasserie LIPP à Saint-Germain-des-Prés. Cette position conserve cependant un aspect économique car l'acheteur établira une liaison entre la notoriété et la pérennité.

L'attitude favorable des tiers (fournisseurs et banquiers), la bonne réputation de l'entreprise auprès des organismes publics (administration fiscale, organismes sociaux, etc.) sont autant d'éléments susceptibles d'élever la valeur de l'entreprise.

§ *2. — LES ÉLÉMENTS ÉCONOMIQUES*

Le premier de ces éléments est la rareté. De la même manière que précédemment la rareté est synonyme de pérennité. La possibilité de se trouver en situation de monopole élèvera le prix de l'entreprise.

D'autres motivations d'ordre économique apparaissent. Sans prétendre établir une liste exhaustive, nous évoquerons quelques exemples.

L'achat d'une firme concurrente ou l'absorption de celle-ci, va permettre à l'acquéreur (ou à la société absorbante) de pratiquer des prix plus élevés.

L'achat d'une firme fournisseur (ou son absorption) en diminuant les coûts de fabrication ouvrira à la société acheteuse (ou absorbante) de nouveaux marchés par le biais d'une baisse du prix de vente de ses produits.

L'absorption d'une firme bien organisée ou disposant d'un réseau commercial important déclenchera un effet de synergie (principe des 2 + 2 = 5).

La question est alors de savoir si l'acheteur est susceptible de donner une survaleur à la société qu'il achète. On serait tenté *a priori* de considérer l'entreprise comme un investissement neutre, c'est-à-dire indépendant de l'acheteur. En réalité, l'approche de l'investissement est différente de celle du placement. Ce dernier a une vie indépendante du fournisseur de capitaux. Ceci tient au fait que le « placeur » n'administre pas ses capitaux. Il se contentera par exemple de les remettre à un établissement financier et d'en encaisser les produits financiers. Ce raisonnement est identique à celui suivi par un boursier, à cette différence près, que le joueur en bourse espère une plus-value de son capital indépendante de la rentabilité (dividendes). Ceci explique les distorsions importantes qui existent entre la valeur boursière d'une entreprise cotée en bourse et sa valeur réelle (souvent très inférieure).

Il convient ainsi de distinguer deux types de situation qui vont modifier sensiblement la valeur de l'entreprise.

1re situation

L'acheteur place son argent et en attend une certaine rentabilité. Il n'a aucun moyen d'action sur la gestion et l'administration de l'affaire.

Selon cette hypothèse la valeur de l'entreprise est basse.

2e situation

L'acheteur investit son argent et entend gérer et administrer directement ou indirectement l'entreprise. Selon cette seconde hypothèse, l'effet de synergie peut se concrétiser et l'entreprise bénéficie alors d'une survaleur que l'acheteur paiera.

Ce principe permet d'augmenter la valeur de l'entreprise car il entraîne une hausse du désir d'achat, donc du prix susceptible d'être offert. A ce niveau la motivation économique rejoint la motivation psychologique.

Quelques exemples permettront de mieux apprécier cette approche.

Un investisseur souhaite acheter un restaurant. Cet investisseur n'a aucune connaissance en la matière et espère ainsi obtenir une rentabilité satisfaisante de ses capitaux. Ce restaurant vendu 1 000 000 F permet au restaurateur actuel de dégager un bénéfice net d'impôt de 150 000 F par an, soit un taux interne de rentabilité de 15 % indexé sur l'inflation. Si le critère de rentabilité retenu par l'acheteur se traduit par un taux interne de rentabilité minimum de 20 % indexé sur l'inflation, le restaurant est trop cher et la transaction ne peut se réaliser sur cette base.

En revanche, l'investisseur est un professionnel de la restauration ayant fait ses classes dans un restaurant « trois étoiles » et ayant déjà géré plusieurs restaurants. Cet investisseur peut tenir le raisonnement suivant :

— Le restaurant que l'on me propose est bien placé.

— La cuisine proposée est de faible qualité ; il est ainsi possible de l'améliorer facilement.

— Le restaurateur actuel (le vendeur) s'occupe peu de son affaire, ce qui entraîne un service de basse qualité.

— Les formules de repas et menus proposés actuellement sont peu séduisants.

— Les achats de matières premières sont effectués par le cuisinier, salarié non motivé par la bonne marche de l'affaire. Ceci entraîne un coût d'achat et une qualité des marchandises vendues variable.

— La décoration du restaurant est triste.

— La façade du restaurant est ancienne et peu attirante.

En conclusion j'(l'acheteur) attends une rentabilité de mes capitaux investis de 20 % minimum. Cette limite n'est pas atteinte aujourd'hui. Par contre, si je prends la direction de cette affaire, je suis sûr de tripler le chiffre d'affaires et de quadrupler le bénéfice.

Si cette hypothèse se réalisait, ce dont je suis certain, ce restaurant me rapporterait 150 000 × 4 soit 600 000 F de bénéfice pour une mise de fonds de 1 000 000 F ; le taux actuel de 15 % passerait alors à 60 %.

En admettant que 20 % représente mon objectif de rentabilité, la valeur de ce restaurant, géré par moi, sera de $\frac{100}{20} \times 600\,000$ soit 3 000 000 F.

Ce restaurant me permettra d'augmenter à la fois mes revenus et la valeur de mon capital. Il représente donc une excellente affaire, et jusqu'à concurrence de 3 000 000 F, je serais acheteur ; la somme réclamée de 1 000 000 F me paraît très faible, et à ce prix j'achète immédiatement.

II. — Les critères objectifs

Ceux-ci recensent toutes les méthodes de calcul permettant de situer la juste valeur de l'entreprise. Cette juste valeur sera elle-même fonction de deux estimations.

D'une part, celle portant sur les biens tangibles tels que les immobilisations, titres, créances, dettes, etc.

D'autre part, celle portant sur les biens incorporels tels que le fonds commercial (au sens comptable du terme), le droit au bail, l'achalandage, etc.

§ *1. — LES ÉLÉMENTS CORPORELS*

Les critères d'évaluation des biens corporels sont multiples. On peut distinguer sept concepts de la valeur : la valeur d'acquisition, la valeur liquidative, la valeur de liquidation, la valeur à la casse, la valeur à neuf, la valeur vénale et la valeur d'utilisation.

a) La valeur d'acquisition

Celle-ci désigne le coût d'achat du bien. Elle est donc inscrite à l'actif du bilan. Cette valeur présente l'inconvénient majeur de ne pas tenir compte du phénomène inflationniste. L'évaluation en francs courants risque de sous-évaluer certains biens.

b) La valeur liquidative

Celle-ci résulte d'une liquidation forcée de l'entreprise. Les éléments d'actif risquent alors d'être « bradés ».

c) La valeur de liquidation

Elle est définie par le prix de vente d'un bien dans les conditions normales.

d) La valeur à la casse

Elle représente le prix de vente des biens d'équipement considérés hors d'usage.

e) La valeur à neuf

Celle-ci représente la dépense nécessaire pour remplacer un bien considéré par un bien équivalent neuf.

f) La valeur vénale

Celle-ci est définie comme le prix de cession d'un bien dans des conditions normales. Ce prix résultera de l'offre et de la demande. Ce dernier critère nous paraît être le plus objectif dans le cadre de l'évaluation d'une entreprise.

g) La valeur d'utilisation

Celle-ci représente la dépense qu'il faudrait engager pour acquérir un bien ayant les mêmes qualités et les mêmes performances. Elle intéresse particulièrement les équipements d'exploitation.

Nous considérons que l'expert doit en définitive estimer les biens d'exploitation en valeur d'utilisation, les autres biens étant évalués en valeur vénale.

III. — Les méthodes d'évaluation du patrimoine tangible

§ 1. — *L'ACTIF NET COMPTABLE*

Cette méthode consiste à fixer la valeur de l'entreprise au niveau de sa situation nette (Actif — frais d'établissement — dettes à court et long terme).

En raison d'une inflation galopante, cette méthode présente à l'heure actuelle un intérêt moindre.

§ 2. — *L'ACTIF NET COMPTABLE RÉÉVALUÉ*

Cette méthode est identique à la précédente à cette différence près que les actifs tangibles sont réévalués. Nous savons que l'enregistrement comptable est effectué au coût historique.

En raison de la hausse du prix des biens déclenchée par l'inflation, des distorsions importantes apparaissent.

En outre, la fiscalité par le biais des amortissements pratiqués par l'entreprise risque d'augmenter cet écart.

Rappelons qu'en matière d'évaluation, les biens qui concourent à l'exploitation de l'entreprise doivent être évalués selon l'utilisation qui en résulte. Nous examinerons successivement les problèmes soulevés par l'évaluation des immobilisations hors exploitation et d'exploitation.

A. L'évaluation des immobilisations

1° Immobilisations hors exploitation

Nous illustrerons le raisonnement par l'examen des immobilisations d'une compagnie d'assurances.

Très souvent les compagnies d'assurances sont propriétaires de nombreux immeubles. Bien que garants du risque que prend la compagnie (risque cependant limité par la réassurance) ces immeubles peuvent être considérés comme hors exploitation. Le poste immobilisation quant à lui peut se présenter comme suit :

	Immobilisations brutes	Amortissements	Immobilisations nettes
Construction	1 000 000,00	999 999,00	1,00

Si nous nous référons à la valeur nette comptable nous en concluons que l'entreprise possède 1 F de construction.

Un examen plus approfondi va démontrer que la Compagnie est propriétaire depuis quarante ans de dix immeubles de type Haussmann situés à Paris.

Deux effets ont contribué à amoindrir la valeur de ces constructions :

— l'effet inflationniste entraîne une survaleur monétaire du prix d'achat. Ces immeubles achetés 100 000 000 de francs anciens il y a quarante ans valent aujourd'hui cent cinquante fois plus.

— l'effet fiscal qui, en autorisant l'amortissement des immeubles sur trente ans, a réduit leur valeur à 1 F symbolique.

Dans ces conditions, et dans le cadre d'une évaluation, la valeur vénale doit être retenue.

2° Immobilisations d'exploitation

Ce type d'immobilisation doit être évalué selon le critère d'utilisation. On constate, par exemple, que certaines entreprises industrielles possèdent de nombreuses immobilisations complètement amorties et qui figurent comptablement à l'actif du bilan pour une valeur nulle. Très souvent, les visites d'usines anciennes montrent que ces équipements industriels continuent d'être exploités. Il convient alors d'évaluer ces matériels en les comparant à des matériels neufs dont les performances sont équivalentes. L'évaluation sera alors d'autant plus élevée que le matériel est considéré comme ayant une durée de vie résiduelle longue.

Il faut bien remarquer que certains équipements sont d'une telle solidité que leur durée de vie peut être située à cinquante ans, voire plus, alors qu'ils sont amortis sur dix ans.

Le deuxième élément susceptible de réduire la valeur est l'obsolescence. La performance d'une machine n'est donc pas son seul critère de valeur d'utilisation, car ce critère doit être retenu dans un sens large. Le fait que la machine ancienne soit bruyante, salissante, encombrante, etc. va autoriser une décote importante sur la valeur de remplacement à l'identique.

Un exemple permettra de mieux appréhender ce raisonnement.

Soit une machine outil achetée 50 000 francs, il y a dix ans. Celle-ci permet la production de 50 articles à l'heure. Il est nécessaire que deux ouvriers la fassent fonctionner. La conception simple et robuste de ce matériel nous permet d'être sûrs de son bon fonctionnement pendant encore dix ans.

Le marché de ce type de matériel propose un nouveau modèle, à performance équivalente (cinquante articles à l'heure) dont le coût est de 150 000 F.

La valeur d'utilisation va alors être fondée sur la valeur de remplacement. Trois critères vont réduire cette dernière valeur. Le critère de rendement, de rentabilité et d'utilisation courante.

— Critère de rendement.

Nous avons posé comme hypothèse dans cet exemple que la production d'articles était de cinquante unités à l'heure dans les deux cas. Le rendement des deux machines est identique.

— Critère de rentabilité.

Supposons que la machine neuve fonctionne automatiquement, de telle sorte qu'aucun ouvrier ne soit nécessaire à sa bonne marche (contrairement à la machine ancienne). Un examen de la comptabilité analytique démontre que cette économie double la rentabilité, c'est-à-dire le profit réalisé sur chaque article produit. Cette seconde hypothèse va nécessairement entraîner une décote importante.

— Critère d'utilisation courante.

La machine neuve est moins encombrante, plus silencieuse, plus propre et sa durée de vie est supérieure à la machine ancienne (soit 20 ans environ).

Désormais nous disposons de tous les éléments pour évaluer la machine ancienne.

Valeur de remplacement	150 000 F
— Décote due à une division par deux de la rentabilité	— 75 000 F
— Décote due à la durée de vie résiduelle de 10 ans (au lieu de 20 pour la machine neuve)	— 35 000 F
— Décote due à une utilisation courante meilleure	— 10 000 F
Valeur de la machine ancienne	30 000 F

Il est évident que ces décotes sont arbitraires. Elles dépendent toutefois des circonstances particulières de l'entreprise. Le fait que la machine nouvelle soit plus silencieuse peut ne pas être un élément minorant si les autres machines utilisées par l'usine sont encore plus bruyantes. De la même manière, le fait qu'elle soit peu encombrante ne joue que si la place disponible est restreinte.

3° L'ÉVALUATION DES AUTRES VALEURS IMMOBILISÉES

Les prêts à plus d'un an ne soulèvent pas de problèmes particuliers, à moins qu'ils ne soient en monnaie étrangère. Selon cette dernière hypothèse le prêt doit être valorisé au cours du jour auquel est arrêtée l'évaluation.

Les dépôts et cautionnements n'appellent pas de remarques particulières.

Les titres de participations vont en revanche poser de nombreuses difficultés.

La première difficulté va être d'évaluer l'entreprise filiale. Or, ce travail va peut-être nécessiter un certain nombre de retraitements, tant au niveau de l'entreprise que de sa filiale.

— L'examen des conventions commerciales entre la mère et la filiale peut faire apparaître de nombreux avantages dans les deux sens. La mère peut bénéficier de prix préférentiels de sa filiale et inversement. Cette situation va modifier plus ou moins sensiblement les bénéfices respectifs de chacune des deux sociétés.

— La filiale peut également bénéficier de cautions accordées par la mère. L'étude des engagements hors bilan est donc nécessaire.

— Le deuxième type de problème provient à la fois du pourcentage de participation et de l'action réelle exercée par la mère dans sa filiale.

a) Pourcentage de participation

— La filiale est une société anonyme.

— La société mère détient entre 99 % et 67 % du capital de sa filiale. Selon cette hypothèse cette dernière peut être évaluée directement comme la mère. On appliquera alors à la valeur obtenue le taux de participation pour en déterminer la valeur.

— La société mère détient entre 51 % et 66 % du capital social de sa filiale. La mère possède alors la majorité ; par contre les actionnaires minoritaires détiennent la minorité de blocage. L'évaluation de la participation détenue par la mère ne peut plus s'apprécier directement comme précédemment. Il sera désormais nécessaire de décoter la valeur obtenue.

— La société mère détient entre 34 % et 50 %. La majorité n'étant plus acquise, la décote à appliquer doit être plus forte.

— La société mère détient moins de 33 % ; elle n'a plus la minorité de blocage et la décote augmente encore.

b) Moyens d'action réels exercés dans la filiale

Le principe évoqué ci-dessus n'est pas absolu et la situation juridique doit être replacée dans son contexte économico-commercial.

Supposons que la société mère détienne 20 % des titres de la filiale mais que la répartition des 80 % de capital majoritaires reposent sur la tête de milliers de petits porteurs (cas d'une société cotée en bourse). Pour ces raisons, supposons que la société mère détienne la gestion et l'administration de sa filiale. Dans ce cas, les décotes évoquées précédemment n'ont plus lieu d'être appliquées.

D'autres cas peuvent apparaître ; la société mère qui détient 20 % de sa filiale est également son client principal. Pour cette raison elle exerce directement son pouvoir de gestion et aucune décote ne peut être appliquée directement sur l'évaluation de la filiale.

Un exemple illustrera les principes évoqués ci-dessus.

On souhaite évaluer la société mère A.

Ce travail conduit à évaluer les titres de participation que A détient dans la société X.

L'estimation de la société X a conduit à une valeur de 1 000 000 F (pour 100 % du capital).

La valeur des titres va dépendre du taux de participation et de la situation réelle.

			La mère ne détient pas de pouvoir supérieur à sa participation			La mère détient un pouvoir supérieur à sa participation		
Pourcentage de participation de la mère dans la filiale	**Taux de partici-pation**	**Valeur objective de la filiale**	**Taux de décote**	**Décote**	**Valeur finale des titres de X**	**Taux de décote**	**Pas de décote Eventuel-lement surcote**	**Valeur finale des titres de X**
99 %>80 %>66 %	80 %	800 000	10 %	80 000	720 000	0 %	–	800 000
66 %>60 %>50 %	60 %	600 000	15 %	90 000	510 000	0 %	–	600 000
50 %>40 %>34 %	40 %	400 000	25 %	100 000	300 000	10 % 0 %	40 000 ou 0	440 000 400 000
33 %>20 % > 0 %	20 %	200 000	40 %	80 000	120 000	30 % 0 – 10%	60 000 – 20 000	260 000 200 000 180 000

Ce tableau appelle les remarques suivantes :

— Le taux de décote est parfaitement arbitraire. Il appartient à l'évaluateur d'en fixer le montant.

On remarquera toutefois que, plus le pouvoir de la mère dans la filiale diminue, plus le taux de décote augmente.

— En revanche, selon la partie droite de ce tableau, dans l'hypothèse où la mère détient un pouvoir réel supérieur à son pouvoir apparent, il est possible dans certains cas d'appliquer un surcote. Cette dernière valorise le besoin que la mère a de sa filiale. Supposons par exemple, que la filiale ait le monopole de la distribution des produits fabriqués par la mère et que la mère administre réellement la filiale tout en détenant seulement 20 % du capital social.

Il est alors possible d'appliquer une surcote qui sera d'autant plus élevée que le pouvoir est fort par rapport à l'apparence. Notons cependant que le risque lié à une participation extérieure majoritaire (80 % des titres) ne doit pas être négligé. Plus ce risque est élevé, plus la surcote doit être faible ou être annulée. On peut même imaginer, comme dans la partie gauche du tableau, une décote.

B. L'évaluation de l'actif circulant

1° Les stocks

Une révision comptable portant sur la qualité, la quantité et la valeur réelle d'utilisation des stocks doit préalablement être effectuée. Cette étude aboutira éventuellement à la constitution de provisions ou inversement à une surévaluation des stocks de produits finis. Pour ces derniers, un examen approfondi de la comptabilité analytique est nécessaire.

2° Les créances

Celles-ci doivent être appréciées sur le plan de la solvabilité des créanciers. Comme précédemment, des provisions pourront être constituées.

3° Les titres de placement

Ceux-ci doivent être évalués au cours de bourse (si la société est cotée).

Il est cependant nécessaire que deux conditions soient réunies.

— 1) Le titre doit faire l'objet de transactions suffisamment nombreuses pour que son cours soit significatif.

— 2) La période de référence doit être suffisamment longue afin de neutraliser des variations accidentelles.

Si les titres de placement ne sont pas cotés, leur évaluation sera fondée sur les perspectives de dividendes.

C. L'évaluation du passif

1° Les provisions

Les provisions ayant un caractère de réserve devront être soustraites du passif exigible.

En ce qui concerne les provisions réglementées, il sera possible d'en modifier le montant en fonction de l'impôt latent qui est lié à leur constitution (provision pour hausse des prix). L'application pratique de ces principes est cependant délicate.

2° Les dettes à long terme

Certaines dettes sont inscrites pour un montant qui incorpore des charges financières. C'est le cas des emprunts obligataires qui incluent la prime de remboursement. Il convient d'éliminer ces primes de l'actif (frais d'établissement).

Le bilan retient les dettes à long terme en valeur historique. Il paraît souhaitable, lorsque l'échéance de remboursement est lointaine, d'actualiser la dette (le même raisonnement est applicable aux prêts à long terme).

Ces rectifications soulèvent deux types de problèmes, l'un lié au taux d'actualisation à retenir, l'autre lié aux taux d'inflation prévu. Ces derniers éléments sont difficiles à estimer et soulèvent des difficultés pratiques importantes qui en limitent l'utilisation.

3° Les dettes à court terme

L'examen des comptes qui doit précéder l'évaluation du passif à court terme implique la recherche de dettes non inscrites. Il s'agit là de la seule difficulté, l'étude des dettes à court terme ne soulevant pas de problème particulier.

Le patrimoine tangible étant évalué, il convient d'évaluer maintenant les éléments incorporels.

IV. — Évaluation des éléments incorporels

Dans le cadre d'une évaluation, ceux-ci peuvent être classés en deux catégories ; d'une part, les éléments incorporels ayant une valeur propre indépendante de l'entreprise, d'autre part, ceux dont la valeur est directement liée à l'exploitation d'une affaire.

§ 1. — ÉLÉMENTS INCORPORELS AYANT UNE VALEUR PROPRE INDÉPENDANTE DE L'ENTREPRISE

Il s'agit principalement du droit au bail et des brevets ou licences.

A. Le droit au bail

La valeur d'un droit au bail repose sur la protection légale qui permet à l'entreprise d'exploiter un local commercial et sur l'économie réalisée sur le loyer exigé.

Dans le premier cas l'évaluateur tiendra compte de l'emplacement, de la taille et de la configuration des locaux.

Ainsi un local commercial vaudra plus cher s'il est situé dans une rue passante où l'entreprise, quelle qu'elle soit, pourra bénéficier d'une clientèle de passage.

Dans le second cas, l'évaluateur rapprochera le loyer prévu d'un loyer théorique considéré comme normal. La différence entre ces deux loyers sera capitalisée afin d'estimer le droit au bail.

En réalité, ces deux concepts sont étroitement liés. On peut s'attendre à un loyer normal élevé si le local est considéré comme exceptionnellement bon en raison de son emplacement, de sa taille et de sa configuration.

L'appréciation de la valeur du droit au bail doit aussi être menée en deux temps.

1) Capitalisation des économies de loyers.

2) Survaleur due à la rareté.

Un exemple illustrera ces deux concepts.

On souhaite estimer la valeur du droit au bail d'un local commercial situé dans une avenue passante, dont la clientèle de passage est particulièrement favorable à un commerce de détail.

Le bail (3, 6 et 9 ans) prévoit un loyer, pour les trois premières années, de 40 000 F par an. La création de locaux commerciaux dans cette même avenue prévoit, pour des locaux équivalents, des loyers se situant aux environs de 50 000 F par an.

Pour les trois premières années le tableau comparatif des loyers se présente comme suit :

Si nous abrégeons l'économie de loyer à trois ans en l'actualisant au taux de 10 % l'an (ce qui est arbitraire), on obtient la valeur du droit au bail soit :

VDB = 9 091 + 8 264 + 7 519 = 24 874 F

	1	2	3
Loyer résultant du bail	40 000	40 000	40 000
Loyers en vigueur	50 000	50 000	50 000
Economie de loyer	10 000	10 000	10 000
Actualisation à 10 %	1,10	1,21	1,33
Economie abrégée à 3 ans	9091	8264	7519

Si les locaux équivalents sont très rares, le droit au bail va bénéficier d'une survaleur (de 20 000 F par exemple) et la transaction s'effectuera sur la base de :
24 874 + 20 000 soit 44 874 F.

D'autres éléments que la rareté peuvent justifier d'un surprix. Nous citerons entre autres :

— l'état des locaux,
— la faculté de sous louer,
— les clauses du bail relatives aux charges et à l'entretien,
— la possibilité de louer l'appartement situé au-dessus du local commercial,
— les possibilités, en cas d'expansion, de louer des locaux voisins,
— la durée du bail restant à courir.

Cependant, le principe selon lequel la valeur d'un droit au bail est d'autant plus élevée que le loyer est faible se justifie toujours.

B. Les brevets et licences

La valeur d'un brevet ou d'une licence repose d'une part sur les revenus que l'on peut en attendre, d'autre part sur la durée pendant laquelle ces revenus seront versés.

Exemple : Une invention est protégée par un brevet rapportant une recette annuelle de 100 000 F indexée sur le taux de la hausse générale des prix. La durée de vie résiduelle de ce brevet est de cinq ans.

En posant un taux d'actualisation de 12 % et un taux d'impôt sur les sociétés de 50 %, la valeur du brevet V_{BR} est de :

$$V_{BR} = 50\,000 \times \frac{1 - (1{,}12)^{-5}}{0{,}12} = 180\,239 \text{ F}$$

Il est possible de négliger l'inflation à condition de l'éliminer des recettes futures et du taux d'actualisation ; les 12 % retenus n'incluant pas le taux de la hausse des prix.

C. Les dessins, marques et modèles

Les dessins, modèles ou marques sont protégés à la condition qu'ils aient été déposés à l'Institut National de la Propriété Industrielle.

Ces valeurs incorporelles ne nous paraissent pas pouvoir être dissociées de la valeur du fonds commercial. La notoriété d'une marque et l'achalandage qui en résulte proviennent essentiellement de la qualité de la fabrication ou du service rendu ainsi que de la constance de cette qualité. Nous considérerons en conséquence que ce type de valeurs est rattaché au fonds commercial de l'entreprise, au même titre que l'achalandage et les autres éléments.

§ 2. — L'ÉVALUATION DES ÉLÉMENTS INCORPORELS LIÉS À LA VALEUR D'UTILISATION DE L'ENTREPRISE (LE FONDS COMMERCIAL OU GOODWILL)

La notion comptable de fonds commercial (ou goodwill) regroupe tous les éléments incorporels indissociables de l'entreprise.

Sans prétendre établir une liste exhaustive, nous citerons :

a) Les éléments liés à la clientèle de l'entreprise

— La fidélité et l'attitude des clients par rapport à l'entreprise,
— Le nombre de clients (non-assujettissement à un seul gros client, etc.),
— La qualité des clients (nombre d'impayés, vols, etc.),
— Les possibilités de développement de la clientèle (marchés potentiels importants, exportation, etc.),
— Les bonnes relations avec les clients.

b) Les éléments liés aux fournisseurs de l'entreprise

— Possibilité de choisir les fournisseurs,
— Possibilité de les mettre en concurrence afin de discuter les conditions d'achat,
— Qualités des services et produits des fournisseurs (livraisons régulières, qualité constante des produits, etc.).

c) Les éléments liés au personnel de l'entreprise

— Savoir accumulé par le personnel (à tous les niveaux),
— Qualités des relations entre la direction et le personnel (risque de grève limité),
— Faible absentéisme,
— Qualités du travail fourni par les employés (compétence technique),
— Facilité de remplacement du personnel,
— Dynamisme de la direction,
— Dynamisme des employés (compétence commercial et organisationnelle),
— Faibles mouvements d'entrée et de sortie du personnel,
— Qualité des services administratifs limitant le risque de redressement en cas de contrôle fiscal (compétence administrative, amélioration de la gestion).

d) Les éléments liés aux banquiers de l'entreprise

— Qualité et stabilité des relations avec les banques,
— Lignes d'escompte et de découvert accordées par la banque et résultant d'un contrat,
— Aptitude à emprunter à long terme.

e) Les éléments liés aux autres tiers de l'entreprise

— Qualité des relations avec les organismes sociaux,
— Qualité des relations avec le fisc,
— Qualité des relations avec l'inspection du travail,
— Qualité des relations avec les syndicats.

f) Les éléments liés au patrimoine de l'entreprise

— Qualité des immobilisations productives (machines modernes, solides, silencieuses, etc.),
— Qualité des locaux (possibilité d'extension, emplacement facilement accessible tel que : métro proche, RER, proximité d'une grande ville, emplacement agréable, etc.),
— Bonne réputation et qualité des dessins, marques, modèles, droits possédés par l'entreprise,
— Outillage informatique moderne entraînant une bonne organisation à tous les niveaux.

g) Les éléments liés à la production de l'entreprise

— Qualité des produits fabriqués, ou des prestations fournies par l'entreprise,
— Notoriété de ces produits ou services,
— Aptitude de l'entreprise à développer cette qualité (service recherche efficace, know-how, etc.),
— Prix concurrentiels des produits ou services,
— Marché porteur.

h) Les éléments liés à la concurrence

— Nombre de concurrents,
— Position des concurrents sur le marché,
— Qualité des concurrents,
— Position géographique des concurrents.

D'une manière générale, on définira le Goodwill ou fonds commercial comme la résultante de tous les éléments internes ou externes favorables à la maximisation des profits dégagés dans le passé, le présent et l'avenir par l'entreprise. On en déduira que le goodwill est positif (à l'inverse on aurait un badwill) dans la mesure où tous les éléments précités permettent de dégager un profit supérieur à la rémunération des capitaux engagés ou (et) nécessaires au bon fonctionnement de l'entreprise. La valeur de l'entreprise sera, selon ce principe, égale à l'agrégat des valeurs corporelles et du goodwill.

Deux attitudes sont alors possibles au niveau du calcul. On peut ainsi calculer la rémunération des capitaux engagés (valeur substantielle brute) ou celle des capitaux nécessaires (capitaux permanents nécessaires à l'exploitation).

Nous étudierons successivement ces deux procédés.

§ 3. LA VALEUR SUBSTANTIELLE BRUTE

La valeur substantielle brute représente la totalité des emplois corporels de l'entreprise engagés et organisés pour en réaliser l'objet sans tenir compte du mode de financement de ces emplois.

Selon cette définition, la valeur substantielle brute sera égale à la totalité de l'actif après avoir effectué les rectifications suivantes :

— L'actif doit être majoré des investissements nécessaires à l'exploitation que l'entreprise utilise sans en être propriétaire. On ajoutera donc toutes les immobilisations louées, prêtées, données ou fournies en leasing (crédit bail).

— On retirera de l'actif tous les éléments corporels ou incorporels non nécessaires à l'exploitation.

— On soustraira également la valeur d'achat du fonds commercial.

Les éléments incorporels autres que le goodwill, tels que les brevets, marques, etc. seront conservés et évalués selon les critères définis au début de ce chapitre.

— Il en sera de même des autres éléments corporels y compris les frais d'établissement (contrairement au principe visant à calculer l'actif net comptable).

— En ce qui concerne l'actif circulant, celui-ci est inclus dans la valeur substantielle. Certains auteurs recommandent de le soustraire, arguant du fait qu'il varie sans cesse. Cette raison soulève un problème d'inexactitude, qui ne nous paraît pas suffisant pour justifier le retraitement de l'actif circulant. Notons en outre que, sauf cas particulier, les valeurs fluctuantes de l'actif à court terme se compensent en grande partie, limitant sensiblement le risque d'erreur. Enfin, il est clair que le montant de l'actif circulant (bien que variable) est en relation directe avec le volume d'activité de l'entreprise.

— La question se pose de savoir si l'on retient une valeur substantielle brute ou une valeur substantielle nette, c'est-à-dire après déduction de l'endettement à court et à long terme. La valeur substantielle a pour but de mesurer les emplois nécessaires au bon fonctionnement de l'entreprise. On ne cherche en aucun cas à évaluer les droits de propriété s'exerçant sur ces emplois. En conséquence, la valeur substantielle doit être retenue pour sa valeur brute. Plus cette valeur sera élevée, plus sa rémunération sera forte, minorant les profits prévus et diminuant la valeur du goodwill.

Exemple 1

Un exemple d'application simple illustrera cette première méthode (VSB)[1] :

Le bilan au 31/12/n réévalué d'une entreprise se présente comme suit (en KF) :

Actif		Passif	
Immobilisations corporelles	1 600	Capital	2 000
Fonds de commerce	250	Dettes LT	500
Stocks	300	Fournisseurs	200
Clients	500	Ecart de réévaluation	550
Banque	600		
	3 250		3 250

(1) VSB : valeur substantielle brute.

Le taux de rémunération de la valeur substantielle brute est de 15 %.

Les bénéfices prévisionnels sont de 500 KF par an après impôt sur les sociétés.

On souhaite évaluer la société en calculant une rente de goodwill abrégée à 5 ans. Le taux d'actualisation retenu sera de 12 %.

SOLUTION

L'évaluation est menée en deux temps : valeur des éléments corporels et valeur des éléments incorporels (goodwill).

Valeur des éléments corporels.

Dans la mesure où l'actif a été réévalué à sa juste valeur, nous obtenons :

Actif corporel	3 000	(on soustrait la valeur du fonds)
Dettes	− 700	
On obtient	2 300	

Valeur des éléments corporels : 2 300.

Valeur des éléments incorporels.

Calcul de la valeur substantielle brute :

En supposant qu'aucun retraitement n'est à effectuer, on obtient VSB = 3 000.

La valeur substantielle brute représentant la masse des emplois engendrés par l'exploitation est, selon l'énoncé, rémunérée au taux de 15 % soit 3 000 × 0,15 = 450.

Nous pouvons ainsi établir le tableau suivant :

	1	2	3	4	5
Bénéfices prévisionnels nets d'impôts	500	500	500	500	500
Rémunération de la VSB (15 %)	**450**	**450**	**450**	**450**	**450**
Super bénéfice ou rente de goodwill :	**50**	**50**	**50**	**50**	**50**

Le super bénéfice de 50 KF (ou rente de goodwill) étant abrégé à cinq ans, le goodwill sera égal à la somme actualisée des super bénéfices sur cette même période.

On écrira :

$$GW = \frac{50}{1,12} + \frac{50}{(1,12)^2} + \frac{50}{(1,12)^3} + \frac{50}{(1,12)^4} + \frac{50}{(1,12)^5}$$

Les termes de la rente étant égaux entre eux (50) on peut simplifier le calcul en écrivant que :

$$GW = 50 \times \frac{1 - (1,12)^{-5}}{0,12} = 50 \times 3,604776 = 180,24 \text{ KF}$$

Le fonds commercial vaut ainsi : 180,24 KF

La valeur de l'entreprise est donc de :

Valeurs corporelles	2 300,00 KF
Valeurs incorporelles (goodwill)	180,24 KF
Valeur de l'entreprise	2 480,24 KF

§ 4. — LES CAPITAUX PERMANENTS NÉCESSAIRES À L'EXPLOITATION

Cette notion est fondée sur les principes évoqués lors du chapitre sur le plan de financement.

Cette approche nous paraît être beaucoup plus pragmatique et réaliste que la précédente.

Il s'agit désormais de déterminer quelle est la masse de capitaux permanents nécessaires à l'exploitation. Rappelons que les capitaux doivent financer les investissements et le fonds de roulement normatif afin que l'entreprise soit en équilibre financier. La masse des ressources nécessaires est donc directement liée aux besoins d'investissements et de fonds de roulement déclenchés par l'exploitation. Ces capitaux font l'objet d'une rémunération. Celle-ci viendra s'imputer sur les bénéfices prévisionnels afin de mettre en évidence le superbénéfice qui permettra de calculer le goodwill.

Exemple 2

Exemple d'application de la méthode des capitaux permanents nécessaires à l'exploitation (CPNE).

Reprenons les données de l'exemple 1.

Le bilan au 31/12/n de l'entreprise se présente comme suit (après réévaluation de l'actif).

Actif		Passif	
Immobilisations corporelles	1 600	Capital	2 000
Fonds de commerce	250	Dettes LT	500
Stocks	300	Fournisseurs	200
Clients	500	Ecart de réévaluation	550
Banque	600		
	3 250		3 250

Le fonds de roulement normatif est de 1 000 KF.

Le bénéfice prévisionnel est de 500 KF et la MBA prévisionnelle est de 600 KF.

Le plan de financement se présente comme suit :

	1	2	3	4	5
Investissements	200		200		200
Fonds de roulement normatif		100		100	
Remboursement emprunt	100	200	200		
Emplois nécessaires	300	300	400	100	200

Les capitaux permanents nécessaires à l'exploitation seront rémunérés au taux de 15 %.

La rente de goodwill sera actualisée au taux de 12 %.

Solution

- Évaluation des éléments corporels.

Comme précédemment ces éléments sont :

Actif corporel	3 000
Dettes	− 700
soit	2 300

Valeur des éléments corporels : 2 300 KF.

- Évaluation des éléments incorporels.

Calcul des capitaux permanents nécessaires à l'exploitation.

À l'origine ces capitaux permanents doivent couvrir les immobilisations pour 1 600

Le fonds de roulement normatif pour 1 000

soit au total 2 600

En raison des éléments chiffrés du plan de financement la masse de ces capitaux permanents nécessaires va évoluer au cours des cinq ans. On obtient alors :

	0	1	2	3	4	5
Emplois nécessaires		300	300	400	100	200
CNPE (n-1)	2 600	2 600	2 900	3 200	3 600	3 700
CNPE	2 600	2 900	3 200	3 600	3 700	3 900
CNPE × 15 %	-	435	480	540	555	585

	1	2	3	4	5
Bénéfices prévisionnels nets d'impôt	500	500	500	500	500
Rémunération de la CPNE (15 %)	− 435	− 480	− 540	− 555	− 585
Super bénéfice	65	20	− 40	− 55	− 85
Super bénéfice actualisé à 12 %	+ 58,04	+ 15,95	− 28,49	− 34,97	− 48,24

Le goodwill se transforme désormais en badwill (BW).

BW = 37,71 KF ou GW = − 37,71 KF.

La valeur de l'entreprise est donc de :

Valeurs corporelles	+ 2 300,00 KF
Valeurs incorporelles (Badwill)	− 37,71 KF
Valeur de l'entreprise	2 262,29 KF

§ 5. — *LES HYPOTHÈSES DE BASES*

Les deux exemples précédents soulèvent plusieurs problèmes.

À savoir : la durée de la rente, la période de référence, le taux de rémunération des CPNE ou de la VSB, l'estimation de bénéfices prévisionnels, le taux d'actualisation de la rente et le taux de l'inflation.

A. La durée de la rente

La durée de la rente abrégée de goodwill a été fixée à cinq ans dans les exemples précédents. On constate en premier lieu que le principe selon lequel plus la durée est élevée, plus le goodwill est fort, ne s'applique pas toujours. Dans la méthode des CPNE le badwill va croître avec la durée (exemple 2).

Inversement, si les bénéfices prévisionnels sont suffisamment importants pour absorber la rémunération de la VSB (exemple 1), on observera le phénomène inverse (hausse du goodwill avec la durée de la rente).

Le phénomène constaté dans ces deux exemples impose donc que la rente soit abrégée. Certains auteurs préconisent une durée infinie. Cette approche nous paraît purement théorique, car elle ignore l'aléa lié à l'évolution dans l'avenir. Plus on s'éloigne du point 0 dans le futur, plus le risque est grand.

Quelle durée choisir ?

Il n'existe aucune réponse définitive à cette question. Pourtant, en matière d'évaluation la fourchette retenue en pratique est, sauf cas exceptionnel, comprise entre trois ans et sept ans. Dans la mesure où apparaît une rente de goodwill positive (exemple 1), la durée de la rente sera d'autant plus longue que la pérennité de l'entreprise est garantie.

Supposons qu'un investisseur souhaitant acheter une « boîte de nuit » hésite entre deux discothèques dont les bénéfices actuels et prévisionnels sont égaux pour une masse de capitaux permanents nécessaires à l'exploitation strictement identique.

L'une des deux discothèques existe depuis trente ans (Castel par exemple) et bénéficie d'une notoriété internationale, l'autre a été créée il y a deux ans et peut subir ainsi les lois aléatoires de la mode.

Il est clair que la première discothèque a un goodwill plus élevé en raison de la pérennité qui est attachée à son histoire. On calculera alors rente sur sept ans.

Pour la seconde, le phénomène est inversé, et le risque plus fort. Dans ces conditions, la rente sera abrégée à 3 ans (voire moins).

L'attachement de la clientèle n'est qu'un élément parmi beaucoup d'autres suceptible de situer le risque et la pérennité d'une entreprise.

B. La période de référence

Dans les deux exemples précédents nous avons pris comme période de référence les cinq ans à venir.

Cette position est purement arbitraire. En pratique, quatre périodes peuvent être prises : période de référence historique, période future, période mixte, période pondérée.

1° Période de référence historique

L'entreprise sera évaluée selon les résultats obtenus au cours des trois derniers exercices (par exemple). Pour cette même période, on retiendra la valeur substantielle brute utilisée ou les capitaux permanents nécessaires, afin de calculer la rente de goodwill.

Cette méthode, qui néglige le futur, nous paraît présenter un certain nombre de défauts. Tous les éléments favorisant une synergie sont rejetés. D'une manière plus générale, cette approche néglige l'intensité du désir d'achat, elle-même fondée sur les possibilités de l'entreprise. Ce sera la méthode préconisée par le vendeur en cas de badwill possible.

2° Période de référence future

C'est, en général, la méthode la plus utilisée. Contrairement à la précédente, elle met en évidence le désir d'achat et fait payer à l'acheteur ses propres capacités à améliorer les performances de l'entreprise. Elle donne la préférence aux hypothèses risquées au détriment des hypothèses certaines. L'idée qui en fait la méthode préférée des experts est que la valeur d'une entreprise est fonction des bénéfices que l'on peut en attendre (et non pas que l'on en a obtenus). Pratiquement, l'historique sert de base à la prospective. Ce sera la méthode préconisée par le vendeur en cas de goodwill certain.

3° Période mixte

Celle-ci tiendra compte, à la fois de résultats antérieurs et de résultats futurs. L'effet de synergie est intégré mais pondéré. Ce sera très souvent la réponse de l'acheteur car, dans la plupart des cas, cette répartition fera baisser la valeur de l'entreprise. En intégrant les performances passées et futures, on obtient une demi mesure entre la position du vendeur et celle de l'acheteur.

4° Période pondérée

Les trois méthodes précédemment étudiées (historique, future ou mixte) peuvent faire l'objet d'une pondération.

Cette dernière méthode va, en général, permettre d'intégrer le risque. Supposons que la période de référence soit les cinq ans à venir. L'acheteur demandera alors à ce que la rente fasse l'objet d'une pondération.

Par exemple :

La rente prévue est de 1 000, 1 500, 2 000, 3 000 respectivement pour les exercices 1, 2, 3 et 4.

L'acheteur affectera une pondération à chacun des termes de la rente, selon la probabilité de réalisation attachée à chacun des termes. Plus on s'éloigne dans le temps, plus le risque est fort et plus la pondération est faible. On obtient par exemple :

	1	2	3	4
Probabilité	**90 %**	**60 %**	**50 %**	**30 %**
Rente prévue	**1000**	**1500**	**2000**	**3000**
Pondération	**200 %**	**100 %**	**60 %**	**40 %**
Rente pondérée prévisionnelle	**2000**	**1500**	**1200**	**1200**

On constate que la somme des pondérations est égale à 400 %. La rente de 3 000 obtenue l'année 4 est la plus pénalisée car la plus risquée.

Il est également possible de pondérer sans que le cumul des pondérations soit égal à 400 %.

On obtiendra par exemple :

	1	2	3	4
Rente prévue en avenir certain	1000	1500	2000	3000
Pondération	100 %	90 %	80 %	60 %
Rente pondérée prévisionnelle	1000	1350	1600	1800

Cette seconde méthode pénalise le goodwill, car le risque n'est intégré que dans la mesure où celui-ci est néfaste. Ainsi, pour l'année 4, la rente passe de 3 000 à 1 800. L'hypothèse optimiste est exclue (probabilité pour que la rente de l'année 4 soit supérieure à 3 000). La pondération ne joue donc qu'à la baisse. Cette dernière position est celle de l'acheteur.

Les quatre méthodes examinées plus haut sont arbitraires. Il appartient à l'évaluateur d'utiliser celle qui lui permet de s'adapter au mieux à la réalité de l'entreprise.

C. Le taux de rémunération de la valeur substantielle brute ou des capitaux permanents nécessaires à l'exploitation

Plus ce taux est élevé, plus la rente est minorée, plus le goodwill est faible. Étudions les critères de choix de ce taux. Comme précédemment, ce choix va être différent selon que l'on se place dans la situation du vendeur ou de l'acheteur.

— Le vendeur va soumettre à l'acheteur l'argument suivant : si vous souhaitez placer vos disponibilités dans un établissement financier, celui-ci vous rémunèrera au taux de 13 % l'an ; si vous placez votre argent en bourse sur un marché d'obligations votre rémunération financière peut s'élever à 14 % ; mais dans cette seconde hypothèse votre risque est plus élevé. Tout ce que mon entreprise vous rapportera, au-delà de 13 %, sera donc un surprofit. Je vous propose donc 13 % pour rémunérer la VSB ou les CPNE.

— L'acheteur va opposer l'argumentation suivante : si, au lieu de financer les investissements et le fonds de roulement normatif par des capitaux propres, je fais appel à des emprunts à long terme (au taux de 15 %), à l'escompte et au découvert (au taux de 16 %) j'aurais à rémunérer ces capitaux externes à un taux moyen de 16 %. Au-delà de 16 % seulement je réalise un surprofit.

Pratiquement, les deux antagonistes ignorent les procédés d'évaluation et s'en remettent à un expert. Celui-ci doit, selon les conditions du marché, retenir un taux intermédiaire entre ces deux extrêmes. Dans notre exemple, le taux serait compris dans une fourchette allant de 13 % à 16 % ; on pourrait par exemple retenir 14 %. De toutes les façons, une part d'arbitraire existe toujours en matière d'évaluation.

Notons, qu'afin de rémunérer la VSB, certains auteurs préconisent l'utilisation de plusieurs taux. À titre d'illustration, on rémunère la partie immobilisée à 16 %, ce taux étant réduit de moitié pour l'actif circulant, car, pour ce dernier, une partie est financée par les dettes à court terme.

D. L'estimation des bénéfices prévisionnels

Lorsque la période de référence retenue est futuriste ou mixte, il convient d'apprécier les bénéfices futurs. Ces bénéfices doivent cependant être rectifiés. Les principes sont les suivants :

— Le bénéfice futur correspond au bénéfice d'exploitation.

Cela signifie que tous les enregistrements non justifiés par l'exploitation courante, doivent être exclus. On effectuera donc les retraitements suivants :

— Les provisions à caractère de réserves sont réintégrées. Les bénéfices prévisionnels ne seront donc pas pénalisés par les dotations aux provisions réglementées et plus généralement par celles ayant un caractère de réserve.

— Les amortissements fiscaux ne correspondent pas à la réalité économique. Rappelons que le critère d'utilisation prédomine en matière d'évaluation. En revanche, fiscalement, c'est le critère de plus forte déductibilité qui l'emporte. Il est ainsi nécessaire de ne retenir, au niveau des dotations aux amortissements, que la part correspondant aux amortissements économiques.

— Les évaluations de stock doivent être revues, dans la mesure où les sur ou sous évaluations modifient sensiblement les résultats futurs.

— Certaines charges devront être réintégrées aux bénéfices futurs. Nous noterons entre autres :

— Certaines facturations entre des sociétés d'un même groupe (facturation permettant des transferts injustifiés d'une Société à une autre).

— La part excédentaire de la rémunération de certains dirigeants de sociétés (en particulier, les dirigeants dont la participation dans le capital social est importante).

— Certains frais alloués au P.d.g. actionnaire majoritaire dont la nécessité pour la société ne se fait pas sentir, tels que frais de voiture, de déplacements ou de réceptions présentant un caractère abusif.

— Les pertes ou profits exceptionnels doivent également être exclus.

— Les frais financiers sont éliminés, dans la mesure où la rémunération des CPNE ou de la VSB ferait double emploi avec eux.

Il en sera de même des loyers de crédit bail. Les immobilisations en leasing étant incluses dans le calcul de la VSB ou des CPNE, la charge de leasing doit en contrepartie ne plus amoindrir le bénéfice.

— L'impôt théorique sur les sociétés qui s'appliquerait aux bénéfices futurs ainsi rectifié serait retraité.

A ce propos les pertes fiscales reportables ou les amortissements réputés différés modifieront le bénéfice prévisionnel autorisant une hausse de goodwill.

— Les revenus hors exploitation seront retirés des produits.

Le bénéfice, ainsi déterminé, se verra amputé de la rémunération des CPNE et de la VSB afin d'obtenir la rente de goodwill.

E. Le taux d'actualisation de la rente

La rente doit être actualisée car son encaissement est différé dans l'avenir. Rappelons que l'actualisation n'a pas pour but de corriger l'érosion monétaire mais de tenir compte du non encaissement immédiat. Le taux d'actualisation mesure donc le taux de renoncement à la disponibilité financière des capitaux. Plus l'attente est longue, plus la pénalisation est forte, du fait de l'élévation à la puissance n du dénominateur $1 + i$, i étant le taux d'actualisation.

Quel taux choisir ?

Ainsi que nous l'avons vu dans le chapitre portant sur la rentabilité des investissements, ce taux intègre certaines données économiques, à savoir :

— Le taux de placement des capitaux que l'on considérera comme le taux plancher.

— La prime de risque qui sera d'autant plus élevée que l'exploitation est aléatoire. On majorera alors le taux plancher d'un certain nombre de points.

— La rentabilité de la branche d'activité dans laquelle se trouve l'entreprise. Cette dernière donnée est le plus souvent mal connue. Il en résulte des difficultés d'application pratique.

Pratiquement, les évaluateurs retiennent en général des taux variant de 10 % à 20 %. Il est rare que le taux de 20 % soit dépassé. Il conviendra de motiver le choix du taux car, plus celui-ci est élevé, plus le goodwill obtenu est bas.

F. Le taux de l'inflation

On entend par là le taux de hausse des prix résultant de l'inflation. Rappelons que la hausse des prix n'est pas l'inflation mais la conséquence de cette dernière. On peut ainsi définir l'inflation comme un déséquilibre économique (aux origines variées) dont une des conséquences principales est la hausse des prix.

Lorsque les bénéfices futurs sont budgétés, deux possibilités sont ouvertes à l'évaluateur.

— première possibilité : indexer le chiffre d'affaires sur le taux d'inflation.

— deuxième possibilité : raisonner sur le volume des affaires traitées dans le futur par l'entreprise.

Si les informations dont on dispose sont suffisantes, l'idéal consiste à effectuer les calculs en tenant compte de l'inflation. Selon cette hypothèse, les chiffres d'affaires et les charges prévisionnelles seront retenus pour leur valeur en francs courants. Ceci présente l'avantage de dégager un bénéfice intégrant la hausse des prix et de calculer un impôt théorique exact. En contrepartie le taux d'actualisation tiendra compte du taux d'inflation.

Exemple :

Soit une affaire dont les chiffres d'affaires prévisionnels, en francs courants (intégrant l'inflation) sont les suivants. Le taux de bénéfice théorique étant de 10 %.

	n	n + 1	n + 2	n + 3
CA prévisionnels	5 000 000	6 500 000	8 450 000	11 000 000
Bénéfices théoriques	500 000	650 000	845 000	1 100 000
Rémunération de la VSB	− 300 000	− 400 000	− 500 000	− 700 000
Rente de goodwill	200 000	250 000	345 000	400 000

Si le taux d'inflation retenu est de 5 % et que le taux d'actualisation choisi est de 15 %, il conviendra d'actualiser en divisant chacune des rentes par $(1{,}05 \times 1{,}15)^n$ soit $(1{,}20)^n$.

Le chiffre d'affaires incluant la hausse des prix, le taux d'actualisation doit également l'intégrer.

Il vient donc :

$$GW = \frac{200\,000}{1{,}20} + \frac{250\,000}{(1{,}20)^2} + \frac{345\,000}{(1{,}20)^3} + \frac{400\,000}{(1{,}20)^4} = 732\,830 \text{ F}$$

G. Comparaison entre la méthode de la VSB et la méthode des CPNE

Les deux méthodes évoquées ci-dessus devraient aboutir à des résultats similaires, à défaut d'être identiques. En réalité la valeur du goodwill peut être fort différente. On a vu, dans les exemples précédents, une méthode dégager un goodwill tandis que l'autre faisait apparaître un badwill.

Quelle méthode utiliser ?

La réponse dépend en fait de la période de référence qui est choisie. Si l'on raisonne sur une période historique, la valeur substantielle brute peut être retenue pour la simple raison qu'il est possible de la calculer facilement. De la même manière, on peut également évaluer les capitaux permanents nécessaires à l'exploitation.

En revanche, si les calculs portent sur une période prévisionnelle, la méthode de la valeur substantielle brute présente un grave défaut. Celui-ci tient au fait qu'il n'y a pas d'homogénéité entre le bénéfice prévisionnel (élément dynamique) et la valeur substantielle brute qui inclut un fonds de roulement brut (élément statique). Il est clair que le bénéfice prévisionnel est en relation directe avec le chiffre d'affaires prévisionnel, lui-même fonction des emplois en investissement et en fonds de roulement.

La méthode de la VSB est basée sur une logique selon laquelle on rémunère ce qui est. Au contraire, la méthode des CPNE implique la rémunération de ce dont on a besoin. Le raisonnement dynamique de la capacité bénéficiaire est désormais en parfaite harmonie avec la dynamique des investissements et du fonds de roulement normatif qu'il faudra financer.

Nous en conclurons, qu'à partir du moment où le raisonnement devient prévisionnel, il est nécessaire de retenir les données dynamiques et d'utiliser exclusivement la méthode des capitaux permanents nécessaires à l'exploitation.

Table des matières

Les Guides Professionnels sont des ouvrages d'une exceptionnelle qualité tant sur le plan technique que sur leur facilité d'utilisation.
Il est improbable qu'aucun des Guides Professionnels n'intéresse le chef d'entreprise, les cadres financiers et comptables, les experts comptables et les commissaires aux comptes.
Nous vous remercions de bien vouloir perdre quelques secondes afin de lire le descriptif de chacun des titres proposés par la collection.

GUIDE PRATIQUE de la TRANSMISSION D'ENTREPRISE

Roger DUBREUCQ (268 F)

Des dispositions testamentaires n'ont jamais fait mourir et une succession réussie n'a jamais aggravé un chagrin.

Le Guide Pratique de la transmission d'entreprise de R. DUBREUCQ est le **premier guide fonctionnel couvrant exhaustivement tous les problèmes de transmission d'entreprise.** Cet allié indispensable pour les dirigeants et cadre concernés par ce problème est divisé en 5 titres :
Titre 1 - **La transmission de l'entreprise familiale.**
Cette partie autorise l'établissement d'un dossier « **en cas de malheur** » réglant du vivant des dirigeants tous les futurs problèmes de succession. Tous les cas de figure y sont étudiés, illustrés par des schémas simples et complets; les **avantages fiscaux** ainsi que **les erreurs à ne pas commettre** sont soulignés.
Titre 2 - La transmission hors de la famille.
Outre les classiques transferts de majorité par augmentation de capital, fusion, création de titres particuliers action à vote double, certificat d'investissement), le titre 2 décrit la mise en place d'un **RES (Reprise de l'entreprise par les Salariés)**. Ce nouveau procédé, avantageux mais complexe, est expliqué et illustré par des schémas, des modèles de contrat, de demandes d'agrément, de clause de garantie de passif et consolidé par la liste des précautions à prendre.
Titre 3 - L'ouverture du capital.
Le titre 3 examine non seulement toutes les techniques liées à la création d'obligations (convertibles ou échangeables) mais également des procédures moins connues telles que le capital risque. **Qui sont les investisseurs professionnels, comment les contacter, comment en bénéficier?**
Titre 4 - Audit diagnostic, évaluation financement.
Ce titre recense les différentes mesures qui précèdent la transmission d'entreprise (audit, diagnostic et évaluation) et signale les différents modes de financement souvent méconnus **(les prêts bonifiés, les prêts de reprise industrielle, le livret d'épargne entreprise, etc.).**
Titre 5 - Il est la conclusion et souligne l'intérêt qu'il y aurait à créer **un droit de la transmission des entreprises.**
6 ouvrages sont disponibles chez votre libraire. A défaut, vous pourrez les commander à ATOL Éditions en utilisant le Bon de Commande joint au verso.

Roger DUBREUCQ, Conseil juridique, commissaire aux comptes est arbitre expert près la chambre de commerce internationale est Président d'Honneur de l'union nationale des conseils juridiques et fiscaux.

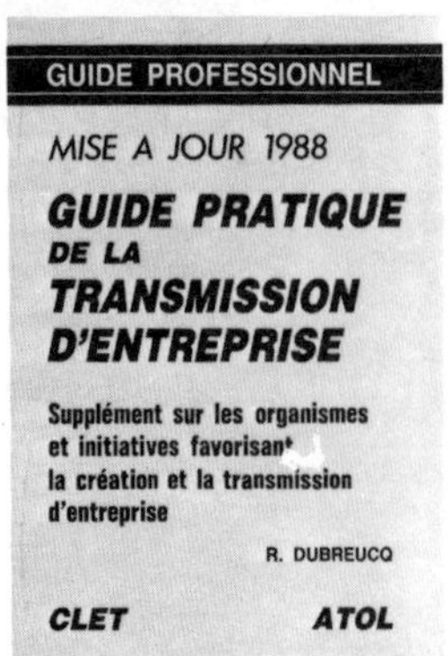

MISE A JOUR 1988 DU GUIDE PRATIQUE DE LA TRANSMISSION D'ENTREPRISES

Roger DUBREUCQ

(85 F)

La mise à jour du Guide Pratique de la transmission d'Entreprises de Roger DUBREUCQ contient d'une façon exhaustive **tous les nouveaux textes relatifs à la transmission d'entreprises** ainsi que les commentaires d'application qu'ils impliquent. En outre, afin d'élargir la portée pratique de ce complément indispensable, l'auteur fournit **la liste des organismes et institutions** favorisant la création et la transmission d'entreprises (adresse et numéro de téléphone). **Des conseils pratiques et efficaces** quant à la préparation des rendez-vous et des dossiers avec ces organismes sont également apportés.

Ces ouvrages sont disponibles chez votre libraire. A défaut, vous pourrez les commander à ATOL Éditions en utilisant le Bon de Commande joint ci-après.

BON DE COMMANDE

A renvoyer accompagné d'un chèque correspondant à la commande T.T.C.
(Les tarifs ci-dessous incluent les frais de port)

Quantités	Références des ouvrages		Prix T.T.C.
	Gestion financière, Tome 1 P. VIZZAVONA Évaluation des entreprises, Tome 2 P. VIZZAVONA Exercices corrigés de gestion et d'évaluation P. VIZZAVONA	franco 290 F T.T.C. franco 110 F T.T.C. franco 140 F T.T.C.	
	Guide de la transmission d'entreprise R. DUBREUCQ	franco 300 F T.T.C.	
	Mise à jour du guide pratique de la transmission d'entreprise R. DUBREUCQ	franco 100 F T.T.C.	
	Guide d'évaluation des entreprises P. VIZZAVONA	franco 235 F T.T.C.	
	Évaluation des Cabinets d'expertise comptable P. VIZZAVONA	franco 140 F T.T.C.	
	Initiation à la gestion P. VIZZAVONA	franco 140 F T.T.C.	
	Exercices corrigés de gestion et de comptabilité P. VIZZAVONA	franco 100 F T.T.C.	
	Mémento de gestion financière P. VIZZAVONA	franco 130 F T.T.C.	
	Intelligence Book P. VIZZAVONA	franco 125 F T.T.C.	
	Règlement par chèque.	TOTAL T.T.C.	

Une facture avec T.V.A. sera jointe à chaque envoi.

La livraison sera effectuée dès réception du chèque.

REMPLIR TRÈS LISIBLEMENT et METTEZ VOTRE TAMPON AVEC SOIN

NOM .... Prénom ....

ENTREPRISE ....

ADRESSE ....

Code Postal .... VILLE ....

Imprimé en France
JOUVE, 18, rue Saint-Denis, 75001 PARIS
N° 51882. Dépôt légal : Mai 1990